Vlad el Empalador

Una guía fascinante sobre cómo Vlad III Drácula se convirtió en uno de los gobernantes más cruciales de Valaquia y su impacto en la historia de Rumanía

© Copyright 2021

Todos los derechos reservados. Ninguna parte de este libro puede ser reproducida de ninguna forma sin el permiso escrito del autor. Los revisores pueden citar breves pasajes en las reseñas.

Descargo de responsabilidad: Ninguna parte de esta publicación puede ser reproducida o transmitida de ninguna forma o por ningún medio, mecánico o electrónico, incluyendo fotocopias o grabaciones, o por ningún sistema de almacenamiento y recuperación de información, o transmitida por correo electrónico sin permiso escrito del editor.

Si bien se ha hecho todo lo posible por verificar la información proporcionada en esta publicación, ni el autor ni el editor asumen responsabilidad alguna por los errores, omisiones o interpretaciones contrarias al tema aquí tratado.

Este libro es solo para fines de entretenimiento. Las opiniones expresadas son únicamente las del autor y no deben tomarse como instrucciones u órdenes de expertos. El lector es responsable de sus propias acciones.

La adhesión a todas las leyes y regulaciones aplicables, incluyendo las leyes internacionales, federales, estatales y locales que rigen la concesión de licencias profesionales, las prácticas comerciales, la publicidad y todos los demás aspectos de la realización de negocios en los EE. UU., Canadá, Reino Unido o cualquier otra jurisdicción es responsabilidad exclusiva del comprador o del lector.

Ni el autor ni el editor asumen responsabilidad alguna en nombre del comprador o lector de estos materiales. Cualquier desaire percibido de cualquier individuo u organización es puramente involuntario.

Índice

INTRODUCCIÓN 1

CAPÍTULO 1 - PRIMEROS AÑOS: NACIMIENTO, CAUTIVERIO, PRIMER REINADO Y EXILIO; VALAQUIA Y LOS BALCANES A PRINCIPIOS DEL SIGLO XV 5

    NACIMIENTO DE VLAD III 5

    BALCANES A FINALES DEL SIGLO XV 8

    LA INFANCIA Y EL CAUTIVERIO DE VLAD BAJO LOS OTOMANOS 12

    PRIMER REINADO DE VLAD (OCTUBRE-NOVIEMBRE DE 1448) 20

    EL EXILIO DE VLAD 24

CAPÍTULO 2 - EL SEGUNDO REINADO: VLAD COMO GOBERNANTE, ASUNTOS INTERNOS, RELACIONES EXTERIORES, GUERRAS, DESTRONAMIENTO Y CAPTURA 26

    ACONTECIMIENTOS QUE CONDUJERON AL SEGUNDO REINADO 28

    VALAQUIA A LA VUELTA DE VLAD III; COMPOSICIÓN DEMOGRÁFICA, ASUNTOS INTERNOS, PRIMERAS CUESTIONES 30

    VLAD III Y LOS ASUNTOS EXTERIORES 36

        Vlad y los húngaros 36

        Vlad y los turcos 43

    LAS GUERRAS DE VLAD III: PRINCIPALES BATALLAS Y CAMPAÑAS 45

        La campaña del Danubio 45

  El ataque nocturno 48

  Las últimas batallas de 1462 antes del destronamiento 51

 Destronamiento y captura de Vlad el Empalador 53

CAPÍTULO 3 - LOS ÚLTIMOS AÑOS: DÉCADA Y MEDIA DE CAUTIVERIO, TERCER REINADO, MUERTE 55

 El cautiverio de Vlad en Hungría 55

 Las hazañas militares en Bosnia 58

 Los conflictos moldavo-turcos de agosto de 1476 y la reconquista de Valaquia 59

 Tercer Reinado y Muerte 60

CAPÍTULO 4 - DIFUSIÓN DE LA HISTORIA: MITOS SOBRE DRÁCULA Y SU IMAGEN PÚBLICA, RETRATOS Y REPRESENTACIONES 62

 Mitos sobre Vlad III 65

  La Pascua sangrienta 65

  La muerte de Dan III 66

  La Copa de Oro 68

  Una comida abundante 69

  Discutiendo las apuestas 71

  Un cautivo de mala reputación 72

  Construyendo un castillo 73

  Los turbantes 73

  Vlad y los sacerdotes 74

  Saqueo de las tierras búlgaras 75

 Retratos y representaciones artísticas de Vlad III 76

CAPÍTULO 5 - EL CARÁCTER DE DRÁCULA: RASGOS DE PERSONALIDAD, MOTIVACIONES 84

CAPÍTULO 6 - LOS SUCESORES DE DRÁCULA: LOS DESCENDIENTES DEL EMPALADOR 92

CAPÍTULO 7 - EL LEGADO DE DRÁCULA: IMPORTANCIA HISTÓRICA, LA NOVELA DE BRAM STOKER, LA VISIÓN POPULAR ACTUAL 101

 La importancia histórica de Vlad el Empalador 101

 Influencia artística; Bram Stoker y su novela 104

DRÁCULA HOY: UNA VISIÓN DEL EMPALADOR EN TIEMPOS MODERNOS 107
CONCLUSIÓN 110
VEA MÁS LIBROS ESCRITOS POR CAPTIVATING HISTORY 113
BIBLIOGRAFÍA Y REFERENCIAS 114
NOTAS DE IMÁGENES 116

Introducción

Los Balcanes medievales parecen casi un territorio inexplorado para los historiadores occidentales. Acontecimientos modernos como el colapso del Bloque del Este, las guerras de Yugoslavia, la tensión con la crisis migratoria y las hostilidades entre naciones eclipsan el hecho de que esta zona, que conecta Asia Menor con Europa Central, es rica en una historia turbulenta, sangrienta y fascinante. Algunas de las mayores y más importantes batallas se libraron en los Balcanes medievales, dando lugar a una serie de notables cambios demográficos y políticos que resonaron en el resto del continente.

Pero los Balcanes no son misteriosos simplemente por su historia. Hay otro fenómeno que parece haber tomado por asalto a Europa y que tiene su origen en esta zona: el vampirismo. Desde que los primeros casos oficiales de actividad vampírica entre la población serbia fueron recogidos por los periódicos austrohúngaros en el siglo XVIII, Europa no se cansaba de hablar de estos demonios chupasangre. Otras historias resurgieron, pero la histeria vampírica alcanzó su punto álgido con la publicación de una novela en 1897, una novela que hablaba de seres sobrenaturales en la Inglaterra victoriana, pero cuyo antagonista principal llevaba el nombre, o más bien el apodo, de un personaje histórico que, en ese momento, llevaba muerto más de 400 años.

Los Balcanes eran el hogar tanto de las historias vampíricas como del mencionado monarca, cuyo nombre se convirtió en sinónimo de beber sangre y evitar la luz del sol. Ese monarca era Vlad, el tercer gobernante de Valaquia que ostentaba ese nombre, el segundo gobernante asociado a la Orden del Dragón (y que lo incorporó a su nombre), y el primer gobernante asociado a un acto truculento, el del empalamiento. Vlad III, *Vlad Țepeș* en rumano, también conocido como Vlad el Empalador o Vlad Drácula, fue (y sigue siendo) un tema de conversación interminable entre los historiadores rumanos, los medievalistas, los analistas políticos, los críticos literarios e incluso el pueblo llano. Este voivoda ("príncipe" o "duque") de una pequeña tierra balcánica no solo se convertiría en una figura aterradora a la que temían incluso los monarcas más poderosos de la época, sino que también se convertiría en un individuo fascinante digno de que se le dedicaran poemas, leyendas y obras de arte enteras. Y a pesar de gobernar muy brevemente en comparación con otros monarcas de la época, dejó una huella muy notable en la vida política y social de su Valaquia medieval natal, así como de los países que la rodeaban. Llegó a ocupar el trono no menos de tres veces, fue capturado y mantenido como prisionero durante décadas no menos de dos veces durante su vida, fue padre de hijos cuyos descendientes gobernarían Valaquia mucho más de 200 años después de su muerte, y fue un hombre cuyos actos heroicos y patrióticos fueron eclipsados por literalmente cientos de miles de cadáveres.

En este libro nos centraremos en la turbulenta y fascinante vida de Vlad el Empalador. Sin embargo, antes de adentrarnos en ella, conviene hacer una advertencia a los fans de la novela de Bram Stoker. Aunque no era un vampiro, Vlad III llevó una vida que rivalizaría con algunos de los mejores personajes de ficción. Al seguir leyendo, es posible que se quede con la impresión de que Drácula, la figura que seducía a las jóvenes británicas y se presentaba como un aristócrata elegante con afición a beber sangre, palidece en comparación con la figura histórica en la que simplemente se basa.

Así es; este libro ilustrará que Vlad el Empalador, un aparentemente insignificante señor de una pequeña nación que apenas tuvo unos años de reinado, tiene más atractivo que un monstruo de ficción con poderes de otro mundo.

Naturalmente, hay muchos detalles sobre la vida de Vlad que simplemente desconocemos. Sin duda existen documentos contemporáneos, incluso algunos escritos por el propio hombre, pero en cuanto a la documentación necesaria para completar el cuadro, son pocos y distantes entre sí. Además, hay décadas de su vida en las que no se escribió casi nada sobre él, lo que hace aún más difícil mantener una imagen única y unificada de Vlad. Afortunadamente, el interés por el voivoda no ha decaído en el siglo XXI, ya que la comunidad científica no deja de descubrir nuevos detalles sobre su vida y de engrosar el importante caudal de información que ya poseemos.

La mayor parte del libro tratará sobre cómo fue la carrera política de Vlad, qué guerras emprendió y cómo acabó su vida. Pero iremos un paso más allá y cubriremos algunas áreas en las que los historiadores no suelen centrarse. Además de los hechos en concreto, también nos centraremos en cuál era el carácter de Vlad III, qué le impulsó y cuáles pudieron ser sus principales rasgos. Además, nos centraremos en sus sucesores y en cómo era la vida en Valaquia después de su muerte. Además, también conocerá algunos de los mitos y leyendas más populares sobre Vlad III, algunos de los cuales fueron escritos y transmitidos tanto por sus partidarios como por sus acérrimos enemigos. Todo ello es necesario para obtener una imagen lo más completa posible de Vlad, que nos ayudará a comprender qué tipo de hombre fue y qué tipo de impacto tuvo su vida en quienes le rodeaban, así como en los que vinieron después.

Retrato de Vlad el Empalador en el castillo de Ambras, Innsbruck, Austria, hacia 1560

Capítulo 1 - Primeros años: Nacimiento, cautiverio, primer reinado y exilio; Valaquia y los Balcanes a principios del siglo XV

Nacimiento de Vlad III

El año exacto del nacimiento de Vlad sigue siendo objeto de debate entre los historiadores. De hecho, la mayor parte de los hechos relacionados con la vida del Empalador tienen que ser reconstruidos a partir de fragmentos de información disponible, teniendo en cuenta que la mayor parte de los registros oficiales conservados en los países balcánicos de esa época han desaparecido tras las invasiones otomanas. En el mejor de los casos, podemos saber que nació entre 1429/1430 y 1436.

Curiosamente, aunque no sepamos la fecha exacta del nacimiento de Vlad, tenemos una idea razonable de dónde pudo nacer. En la actual Sighişoara, en la provincia rumana de Transilvania, se conserva una casa en la que supuestamente vivió Vlad II Dracul, el padre de Vlad el Empalador, con su primogénito, Mircea.

La casa y la ciudad en sí no han sido elegidas arbitrariamente como el lugar de nacimiento de Vlad el Empalador, por supuesto. Sighişoara, conocida entonces como Schaäsburg (en alemán) y Segesvár (en húngaro), era un importante centro comercial y artesanal de Transilvania. Más de quince gremios y veinte ramas artesanales encontraron su hogar en la ciudad, y el propio Vlad Dracul acuñó monedas allí. La ciudad estaba poblada por valacos y húngaros, pero también había una creciente población de artesanos alemanes, originarios del Sacro Imperio Romano Germánico. De hecho, una parte importante de la primera infancia de Vlad transcurrió en Transilvania entre las comunidades sajonas locales.

Aunque hoy en día la mayoría de la gente asocia al Empalador con Transilvania, la verdad es que Vlad era un voivoda de Valaquia, y la mayor parte del tiempo que pasó en Transilvania no lo vio gobernar esa tierra. A principios del siglo XV, Drácula y su familia eran principalmente voivodas de Valaquia, pero se involucraron en los asuntos de estado tanto de Transilvania como de la vecina Moldavia.

Para entender toda la situación, debemos examinar cómo se desenvolvían los antepasados de los rumanos y moldavos modernos durante la Baja Edad Media. Tanto Valaquia como Moldavia eran tierras semiindependientes habitadas predominantemente por personas de habla rumana que practicaban el cristianismo ortodoxo oriental y estaban bajo la influencia cultural directa de los griegos (el Imperio romano de Oriente, es decir, los bizantinos) y de varios grupos eslavos (predominantemente búlgaros y serbios). Por ejemplo, la mayoría de sus costumbres religiosas procedían de los bizantinos, pero los títulos de la corte y los diseños arquitectónicos de los castillos eran en su mayoría eslavos. Además, el eslavo eclesiástico antiguo era la lengua "diplomática" de las élites, y la mayoría de los gobernantes de esta época lo escribían y hablaban (de forma similar a los territorios albaneses semiindependientes de la misma época). Sin embargo, el territorio conocido como "la tierra más allá del bosque" (*ultra sylvam*) no es tan fácil de precisar en términos de población. Si bien es cierto que albergó una gran población valaca, desde principios del siglo XI hasta la actualidad, los valacos nunca fueron mayoritarios. De hecho, basándonos en todas las pruebas arqueológicas y en las fuentes escritas contemporáneas, podemos afirmar con seguridad que la mayoría de los transilvanos no eran valacos, no hablaban ni escribían predominantemente en eslavo y eran el polo opuesto de los cristianos ortodoxos orientales. Transilvania era oficialmente un territorio vasallo húngaro sometido al rey húngaro, que tenía el poder de instituir sus propios voivodas como protectores de la tierra. Sin embargo, el territorio contaba con un gran número de habitantes sajones alemanes, que empezaron a aparecer en masa a principios del nuevo milenio (los sajones también habitaban en las vecinas Serbia y Bulgaria, trabajando principalmente como mineros y herreros). Por último, estaban los székelys (denominados szeklers en otros textos), un subgrupo de húngaros cuyos orígenes aún se debaten un poco, pero que sirvieron de guardias fronterizos para el Reino de Hungría durante la Alta Edad Media. Los tres grupos eran principalmente católicos y juraban lealtad a la Corona húngara, actuando a menudo en oposición directa a cualquier voivoda valaco que llegara al poder.

La razón por la que la composición de la población de Transilvania es importante para la historia de Vlad el Empalador se debe al hecho de que configuró la mayor parte de su posterior visión del mundo. Profundizaremos en esto en capítulos posteriores, pero para resumirlo, Vlad fue alguien que creció en un entorno multiétnico con creencias religiosas y culturales diametralmente opuestas, y aunque se esforzó por asegurar la estabilidad y el bienestar de su propio estado multiétnico, seguía siendo tan xenófobo y desconfiado como lo sería un príncipe medieval. Y no es en absoluto el único: la mayoría de los gobernantes medievales de todo el mundo, en todos los continentes permanentemente habitados, eran abiertamente antagónicos con las tribus vecinas y a menudo se esforzaban por asimilarlas o aniquilarlas.

La casa de Drácula en Sighişoara

Balcanes a finales del siglo XV

Como ya se ha dicho, lo más probable es que Vlad naciera entre 1429 y 1436. Era una época de gran agitación en la península balcánica. El emergente Imperio otomano seguía creciendo en tamaño y fuerza, y los efectos de este crecimiento se sentían en las tierras independientes cuya propia influencia estaba disminuyendo. En la década de 1450, el otrora poderoso Imperio romano de Oriente había quedado reducido a unos pocos territorios en la actual Grecia y al territorio de Constantinopla, que en ese momento se había convertido en una sombra de lo que fue. La mayoría de sus habitantes habían desaparecido y, desde la perspectiva de un ciudadano local, no parecía una ciudad fantasma. Los emperadores de la época, la dinastía Palaiologoi (sing. *Palaiologos*, que significa "palabra antigua"), eran efectivamente vasallos de los turcos. No solo tenían que pagar un tributo monetario al sultán, sino que también estaban sometidos al sistema conocido como Devshirme, es decir, pagar el tributo "con sangre". El sistema era bastante sencillo: Las tropas otomanas tomaban un grupo de niños y jóvenes de entre ocho y veinte años, los transportaban a un centro otomano importante y los convertían a la fuerza al islam. Una vez islamizados, los chicos se convertían en soldados (como parte de las tropas de élite llamadas jenízaros) o entraban en la administración pública como diplomáticos y visires. Cientos de miles de muchachos cristianos fueron convertidos mediante este sistema hasta que fue abolido a principios del siglo XVIII, siendo la gran mayoría de ellos de origen griego.

Sin embargo, los turcos tenían otras naciones de las que ocuparse durante los primeros años de la vida de Vlad. Justo en la época del colapso del Imperio romano de Oriente, Serbia había cobrado protagonismo, habiendo sido elevada a la categoría de imperio en 1346. Tras la caída del imperio varias décadas después y la famosa batalla de Kosovo en 1389, Serbia se convirtió en un estado vasallo de los otomanos, con su territorio muy reducido y gobernado por un déspota (un título real de un rango inferior al de un emperador). Entre 1427 y 1456, el déspota sería Đurađ Branković, el primer gobernante de la familia Branković en sentarse en el trono y el último gobernante efectivo de las tierras serbias. A la edad de cincuenta años, tenía la experiencia y la destreza de un gobernante decente, así como una increíble cantidad de riqueza. Sin embargo, su territorio era independiente solo de nombre; al igual que los Palaiologoi, la dinastía Branković también tenía que pagar tributo a los otomanos. Aun así, no era necesariamente un vasallo leal del imperio, ni tampoco era realmente leal a sus enemigos. Aunque mantuvo buenas relaciones con el sultán Murad II, en gran medida porque su hija, Mara Branković, se casó con el sultán en 1434, también fue un estrecho aliado de la Corona húngara, así como de la República de Venecia y de algunas partes de la Zeta medieval. Por supuesto, la rivalidad de Đurađ Branković con el general húngaro y héroe cristiano Juan Hunyadi daría lugar a que se negara constantemente a ayudar a la causa cristiana contra los otomanos o incluso a que ayudara a los otomanos (como cuando capturó a Hunyadi tras la menos conocida Segunda batalla de Kosovo en 1448 y mantuvo a su hijo mayor como rehén a cambio de un rescate), lo cual era, en sí mismo, extraño teniendo en cuenta el intercambio de propiedades entre Hunyadi y Branković no hace mucho tiempo. Ambos hombres morirían en 1456, con varios meses de diferencia. La muerte de Đurađ Branković fue posiblemente el mayor golpe para la Serbia bajomedieval, ya que se produjo una crisis sucesoria, con los miembros de su familia restantes disputándose la herencia. Apenas tres años después, el Despotado serbio sucumbiría definitivamente ante los turcos, y el país no recuperaría su independencia hasta finales del siglo XIX.

Bosnia se encontraba en una situación similar a la de Serbia, con su dinastía reinante Kotromanić debilitada por gobernantes regionales que destrozaron el país. Su último gobernante fue Esteban II Tomašević, que fue, curiosamente, el último déspota oficial de una Serbia independiente antes de entregarla a los otomanos en 1459 y regresar a su Bosnia natal, donde fue coronado como rey poco después, en 1461. Su propia muerte en 1463 a manos del propio sultán Mehmed II (o de uno de sus oficiales militares cercanos), así como la de sus familiares varones vivos más cercanos, marcaron el fin de Bosnia y el posterior dominio otomano que duraría hasta que los territorios fueron anexionados por Austria-Hungría a finales del siglo XIX y principios del XX.

De todos los países balcánicos, Hungría fue probablemente el mayor rival de los turcos en la época de Vlad. Fue el rey húngaro, Segismundo de Luxemburgo, quien decidió actuar contra los otomanos formando la llamada Orden del Dragón. Esta Orden contaba con destacados miembros de la nobleza europea, entre ellos el predecesor de Đurađ Branković, el déspota Stefan Lazarević (hijo de Lazar Hrebeljanović, el príncipe serbio que dirigió el ejército serbio contra los otomanos durante la batalla de Kosovo en 1389); Hermann II, conde de Celje y suegro del rey Segismundo; Pippo

Spano, un general y magnate italiano que era amigo personal de Segismundo y un talentoso estadista; Karlo Kurjaković, noble croata y uno de los fundadores de la Orden; Fruzhin, noble búlgaro descendiente de los últimos emperadores búlgaros y firme luchador contra los turcos; el rey Alfonso V de Aragón, figura de excepcional importancia durante el primer Renacimiento; Gjergj Kastrioti Skanderberg, noble albanés que adquirió fama en toda Europa por sus feroces combates contra las tropas otomanas; y Vlad II Dracul, padre de Vlad el Empalador. De hecho, el sobrenombre de Vlad "Dracul" deriva en realidad de su posición como miembro de la Orden, ya que significa "dragón". Posteriormente, el propio sobrenombre de Vlad III puede leerse como "pequeño dragón" o "el hijo del dragón".

No se puede exagerar la importancia de Hungría durante los primeros años de la vida de Drácula. El general de Segismundo, Juan Hunyadi, por ejemplo, había sido tan influyente en la región que fue capaz de instituir su propio voivoda en Transilvania, y tras destronar a Vlad Dracul en 1447, incluso se refirió a la capital contemporánea de Valaquia, Târgoviște, como su ciudad. La influencia de Hunyadi había sido fuerte incluso dentro de la propia Hungría. Como regente del joven Ladislao V el Póstumo, hijo menor de edad del difunto Alberto II de Alemania, que había sido el legítimo heredero del difunto Segismundo de Luxemburgo, Hunyadi había disfrutado de una vida de absoluto privilegio y era uno de los hombres más ricos de la región en aquella época, más rico incluso que algunos gobernantes contemporáneos. El pueblo había admirado tanto a Hunyadi que, no mucho después de su muerte, su hijo Matías Corvino fue declarado rey, tras una sangrienta rebelión que hizo huir de Hungría al joven rey Ladislao, que murió inesperadamente poco después. El propio Corvino sería fundamental en la vida adulta de Vlad el Empalador, tanto como enemigo como aliado.

Naturalmente, esto no es más que un breve resumen de algunos de los principales actores de los estados balcánicos en la Baja Edad Media, y no hace más que arañar la superficie del panorama político de la época. Otros países, como Bulgaria, Albania, Zeta, la República de Ragusa (actual ciudad de Dubrovnik, en Croacia), la República de Venecia y los territorios semiindependientes de Croacia y Eslovenia también desempeñaron un papel vital a lo largo del siglo, pero abarcarlo todo exigiría escribir otro libro. Pero basándonos en estos ejemplos simplificados, podemos ver claramente lo enrevesado que fue el escenario político balcánico durante estos tiempos turbulentos. Si incluyéramos las relaciones religiosas entre los países, su situación económica, su vida cotidiana, las grandes batallas, la formación de alianzas y su ruptura, etc., este libro no tendría fin. Además, hay que tener en cuenta que la mayoría de las fuentes contemporáneas de las que disponemos son a menudo incompletas, contradictorias o directamente inventadas. Naturalmente, la propia Valaquia era igual de complicada, lo que hizo que el ascenso de Vlad al trono fuera bastante emocionante, pero igualmente enrevesado y peligroso.

La infancia y el cautiverio de Vlad bajo los otomanos

De niño, a Vlad le enseñaron seguramente lo mismo que a sus hermanos Mircea y Radu. A una edad temprana, debía ser un hábil jinete, luchador con espada y tirador; el conocimiento de varios idiomas era imprescindible, sobre todo en una región tan diversa como la península de los Balcanes, así como el conocimiento de varias escrituras diferentes como el latín y el cirílico. Además, estaba la cuestión de la fe. Con los otomanos musulmanes invadiendo lentamente los estados balcánicos, era de vital importancia que el cristianismo prevaleciera. Sin embargo, Valaquia era un país ortodoxo, mientras que Hungría, que era el señor de Valaquia, era católica. Es más que probable que el hermano mayor de Vlad, Mircea, fuera bautizado en una iglesia católica, pero la historia no está del todo segura sobre Vlad y Radu. Lo más probable es que fueran bautizados en secreto en una iglesia ortodoxa de Valaquia, pero el propio Vlad se convertiría al catolicismo unos años antes de su muerte, lo que hizo para demostrar su lealtad a la Corona húngara y recuperar (y conservar) su título de voivoda de Valaquia.

A la edad de once años, el joven Vlad aprendió varias habilidades, como las justas, la esgrima, la natación, la etiqueta de la corte, el tiro con arco y la equitación. Según todos los indicios, era un niño dotado y que aprendía rápidamente, adquiriendo todas las habilidades necesarias para un monarca balcánico a una edad temprana. Sin embargo, los primeros años de la adolescencia de Vlad resultarían difíciles, sobre todo debido a los manejos de su padre. Durante el reinado de Segismundo, Vlad II había sido aliado de los húngaros, llegando a conocer a algunas de las figuras más destacadas de la nobleza húngara, entre ellas Juan Hunyadi en sus primeros años. Ya en aquella época, Hunyadi era un astuto estratega y un favorito entre las comunidades cristianas, a pesar de ser un hombre nacido en la baja nobleza y procedente de Valaquia (aunque hay fuentes contradictorias sobre sus orígenes, la mayoría de los académicos consideran a la familia Hunyadi como étnicamente valaca/rumana). Cuando Vlad II subió al trono, Hunyadi ya estaba al servicio del difunto déspota serbio Stefan Lazarević y desde entonces era uno de los líderes militares más eficientes de Segismundo. Una de las muchas razones por las que Hunyadi era tan eficaz era su eterna lealtad a la fe cristiana y su deseo de defender el cristianismo a toda costa, un rasgo que acabaría por enemistarlo con Vlad II y por iniciar una cadena de acontecimientos que afectaría al joven Vlad III.

Como gobernante, Vlad II había sido enemigo de los otomanos durante el reinado de Segismundo, pero tras la muerte del rey húngaro en 1437, firmó una alianza con el sultán turco Murad II, acordando pagarle un tributo anual de 10.000 ducados y proporcionarle ayuda militar. Este acto por parte de Vlad II estaba en directa contradicción con sus obligaciones con la Orden del Dragón, cuyo nombre seguía utilizando. En ese momento, el esfuerzo cristiano unido quería emprender otra cruzada contra los otomanos, pero la muerte de Segismundo había provocado una crisis de sucesión. Varios gobernantes reclamaron y ocuparon el trono por poco tiempo, entre ellos Alberto II de Alemania, que gobernó unos dos años antes de morir de disentería mientras se preparaba para una cruzada; el niño Ladislao el Póstumo, con su madre Isabel de Luxemburgo (la única hija superviviente del rey Segismundo) como regente; y el rey polaco Władysław III, miembro de la dinastía jagellónica. Władysław fue coronado en 1440 y fue respaldado por Hunyadi, pero Ladislao fue nombrado su sucesor en caso de que muriera sin descendencia. Un año más tarde, habiendo asegurado un poco el trono húngaro y calmado un poco la crisis sucesoria, Hunyadi visitó a Vlad II en Târgoviște en 1441. Y aunque se le recordó severamente que su lealtad debía estar con la Orden del Dragón y la causa cristiana, Vlad II se negó a terminar sus relaciones con los turcos. Sin embargo, curiosamente, al principio solo había sido un aliado poco entusiasta del sultán. Cuando los turcos entraron en Valaquia para invadir Transilvania, Vlad II se mantuvo neutral y se limitó a dejarlos pasar. Esta acción se tradujo en una humillante derrota de los turcos y puso aún más en duda la lealtad del voivoda de Valaquia. No ayudó el hecho de que otros príncipes locales escribieran al sultán advirtiéndole que no se fiara de Vlad, entre otros gobernantes.

En algún momento entre 1442 y 1443, Murad II decidió actuar según sus sospechas e invitó tanto a Vlad II como a Đurađ Branković a su corte. El déspota serbio evitó astutamente ir, pero el voivoda valaco se dispuso a ver al sultán en la ciudad de Galípoli, llevándose a sus dos hijos menores y dejando a su heredero mayor, Mircea, para que gobernara durante su ausencia. Para el joven Vlad y el aún más joven Radu, este viaje sería uno de los acontecimientos más traumáticos de sus vidas. A su llegada a Galípoli, el voivoda y sus hijos fueron encadenados. El propio Vlad II fue encerrado en el calabozo de la ciudad, pero sus hijos fueron enviados a Eğrigöz (la actual

Doğrugöz, en Turquía), una sombría fortaleza de montaña. Los tres acabarían en Adrianópolis, la capital otomana (la actual Edirne), en la corte del sultán. Menos de un año después de su captura, Vlad II tuvo que volver a jurar lealtad a la corte turca, tanto sobre la Biblia como sobre el Corán, pero esta vez el tributo fue más que unos "simples" 10.000 ducados. Además del dinero, Vlad II debía enviar al menos 500 jóvenes bajo el sistema de Devshirme y, lo que es más importante, tanto el joven Vlad como Radu debían permanecer como rehenes en la corte del sultán. De este modo, el gobernante otomano tenía los medios para castigar directamente a Vlad II si no cumplía con su tributo.

Por supuesto, el trato que Murad II impuso a Vlad II ofrecía también algunas obligaciones por parte del sultán. Mientras el voivoda de Valaquia hiciera lo que se le ordenaba, los muchachos no sufrirían ningún daño. Además, debían recibir la mejor educación y el mejor trato, como cualquier otro hijo de un noble obediente. A los jóvenes Dracul se les enseñaba todo, desde las matemáticas teóricas hasta los preceptos básicos del Corán y la lógica aristotélica, así como algunas de las buenas tradiciones romanas orientales que los propios turcos heredaron. El joven Vlad también mejoró sus conocimientos de la lengua turca, lo que resultaría muy valioso en sus futuras hazañas. Sin embargo, los dos chicos se tomaron su cautiverio de forma muy diferente. Incluso a esta temprana edad, Vlad mostraba signos de desobediencia a sus señores turcos, arremetiendo a menudo contra sus maestros y recibiendo severos castigos por ello. Radu, sin embargo, se convirtió en un favorito de la corte. Debido a su excelente aspecto, se ganó el sobrenombre de *Radu cel Frumos*, "Radu el Guapo", y se convirtió en una fuente de enamoramiento para las mujeres y los hombres de la corte del sultán. Algunas fuentes contemporáneas mencionan incluso que el hijo de Murad, Mehmed II, trataba a Radu como su amante. Sea como fuere, Radu demostró ser más leal a los turcos que su padre o sus hermanos, lo que volvería a ser decisivo en años posteriores, cuando Vlad III ascendió al trono (y descendió de él) en múltiples ocasiones.

Durante el cautiverio de los tres Drácula, la típica política medieval balcánica volvió a sacudir el trono de Valaquia. En un momento dado, el país estaba gobernado por la Casa unificada de Basarab, llamada así por el primer gobernante independiente de Valaquia, el voivoda Basarab I. Sin embargo, tras la muerte de Dan I, el tío adoptivo de Vlad II Dracul, el trono fue sucedido por su hermanastro Mircea, conocido en la historia de Valaquia como Mircea el Viejo debido a su largo reinado y al respeto que inspiraba. Tanto los descendientes de Dan como los de Mircea intentarían constantemente usurparse el trono unos a otros, formando dos ramas principales de la Casa de Basarab, llamadas la Casa de Dăneşti y la Casa de Drăculeşti. Y al igual que el propio Vlad el Empalador, varios gobernantes de ambas casas nobiliarias llegarían a subir y bajar del trono varias veces a lo largo de sus vidas.

Por supuesto, una casa real rival no fue el único problema con el que los Drácula tuvieron que lidiar en vida. Es de vital importancia saber que ascender al trono en Târgovişte era algo diferente a, por ejemplo, ascenderlo en Buda en la corte húngara, o en Constantinopla, o en cualquier otro lugar de los Balcanes. A saber, la noción de bastardía no afectaba realmente a quién se sentaría en el trono a continuación. Muchos de los gobernantes de Valaquia habían nacido fuera del matrimonio, a menudo de mujeres de baja cuna. En la práctica, esto significaba que literalmente cualquiera podía ascender al trono, una práctica que tenía muchos más inconvenientes que beneficios. Por ejemplo, el propio Vlad II era hijo ilegítimo de Mircea, pero aun así consiguió gobernar el país durante varios años. Además, tuvo otros hijos además de sus tres hijos legítimos y una hija, Alexandra. Hubo un hijo bastardo llamado Mircea, del que apenas tenemos datos históricos, y otro Vlad que gobernaría Valaquia en varias ocasiones como Vlad IV Călugărul, o "Vlad el Monje".

Antes de que Vlad II regresara a su país, el trono había sido ocupado por un noble de Dăneşti, Basarab II, nieto de Dan I. En realidad, Basarab había contado con el apoyo secreto de Juan Hunyadi años antes de que Vlad II fuera a visitar al sultán y fuera capturado. Tras deponer al hijo mayor de Vlad, Mircea, en 1442, Hunyadi colocó a Basarab en el trono, pero el voivoda solo gobernaría durante poco más de un año. Al regresar Vlad II a Valaquia desde los otomanos, depondría rápidamente al nuevo voivoda, aunque no tenemos datos fiables que nos permitan saber cómo lo hizo. Teniendo en cuenta su nuevo tratado con los otomanos y una relación ya tensa con Hungría, podemos especular que el sultán podría haberle ayudado en este empeño. También sabemos que Basarab II, aunque fue depuesto, no fue asesinado ni sufrió ningún otro daño por parte de Vlad II, aunque no alcanzaría la prominencia hasta su muerte durante el reinado del propio Vlad el Empalador.

A finales de 1443, Hunyadi y Władysław III emprendían su llamada "Larga Campaña" contra los otomanos, una cruzada que tendría resultados devastadores para las fuerzas cristianas. En sus primeras etapas, la campaña había tenido éxito; los cruzados consiguieron realmente liberar vastas zonas de tierras serbias y búlgaras, hasta el punto de que incluso algunas de sus derrotas (como la de la batalla del paso de Zlatitsa, el 12 de diciembre de 1443, y la posterior retirada a Buda) fueron tratadas como victorias y utilizadas como propaganda pro-cristiana en la época. Debido a estas circunstancias, Hunyadi y Władysław rechazaron abiertamente un tratado con el sultán, a pesar de que este perseguía con vehemencia las conversaciones de paz. Vlad II decidió no ayudar a la cruzada abiertamente, al igual que el déspota Branković (su hija Mara, esposa de Murad en ese momento, fue en realidad decisiva para convencer al sultán de que pidiera la paz). Ambos gobernantes tenían fuertes lazos con los otomanos, pero la situación de Vlad II era ligeramente peor debido a sus obligaciones con la Orden del Dragón, por un lado, y a que sus jóvenes hijos eran prisioneros del sultán, por otro. A pesar de intentar convencer a los cruzados de que no hicieran la guerra, envió en 1444 un batallón de 4.000 jinetes dirigidos por su hijo, el depuesto voivoda Mircea II. El rey polaco Władysław murió durante la batalla, y los otomanos lo decapitaron y empalaron su cabeza en una pica como muestra de victoria. El propio Hunyadi se retiró, pero posteriormente fue capturado por Vlad II y mantenido como prisionero durante un breve periodo de tiempo. Los historiadores no tienen del todo claras las razones que llevaron a Vlad a capturar a Juan Hunyadi, pero lo liberó poco después, permitiéndole regresar a Hungría, pero exigiendo un gran rescate a cambio.

Vlad II permanecería en el poder hasta 1447. Se produjeron varios acontecimientos importantes que complicaron aún más sus relaciones tanto con los otomanos como con los húngaros, todos ellos relacionados con una campaña militar entre 1445 y finales de 1446. Ayudado tanto por las fuerzas de Hunyadi como por una banda de cruzados del Ducado de Borgoña, el padre de Drácula libró algunas batallas exitosas contra los turcos, retomando algunas fortalezas importantes (como la de Giurgiu) e incluso acogiendo a 11.000 refugiados búlgaros que se rebelaron contra el sultán Murad II. En sus últimos años, Vlad II devolvería a los refugiados a los otomanos y se negaría a participar en cualquier otro esfuerzo cristiano contra la abrumadora fuerza musulmana. A finales de julio de 1447, Hunyadi apoyó abiertamente a otro pretendiente al trono de Valaquia, Vladislav II de la línea Dăneşti. Los habitantes de Braşov, una ciudad importante tanto para los transilvanos como para los valacos, recibieron la orden de Hunyadi de extender su apoyo al nuevo gobernante, y el antagonismo hacia Vlad II creció. Poco después, Hunyadi invadió Târgovişte, la capital de Valaquia. Vlad II consiguió huir, pero fue capturado y asesinado, muy probablemente por el propio Vladislav II. El hijo mayor de Vlad, Mircea, también fue asesinado por la misma época. Según las reglas de primogenitura, Vlad III era, con todo derecho, el sucesor al trono, ya que Mircea no tenía descendencia. Sin embargo, dado que Valaquia tenía sus propias leyes en materia de sucesión y que el general húngaro se inmiscuía en el asunto, el trono era cualquier cosa menos seguro, independientemente de quién lo ocupara.

Murad II, pintado hacia 1800

Primer reinado de Vlad (octubre-noviembre de 1448)

Vladislav era el gobernante títere a cargo de Valaquia, aunque, en realidad, debía responder ante Juan Hunyadi. El propio Hunyadi podría haber tenido el poder directo sobre el país durante un corto periodo de tiempo, posiblemente nombrando a Vladislav en diciembre como sucesor "legal" del difunto Vlad II. Desde el punto de vista estratégico, esta habría sido una jugada inteligente por parte del noble húngaro; no solo Hunyadi tendría la lealtad de un gobernante al que había apoyado durante meses y obtendría los beneficios materiales de tal acuerdo (en forma de impuestos, tierras y privilegios), sino que también evitaría todas las molestias que supondría tratar con la gente común de Valaquia y los miembros de la nobleza, los llamados boyardos. Es fascinante saber que los plebeyos y los miembros de la nobleza, tanto los menores como los mayores, tuvieron más influencia en el estado actual de las cosas de lo que la historia moderna tiende a darles crédito. Si se les provocaba o no se les satisfacía, se rebelaban, independientemente de que dichas rebeliones fueran fructíferas o no. Transilvania y Valaquia, en particular, eran famosas por la frecuencia con la que los boyardos y los plebeyos de las principales fortalezas y ciudades (Târgoviște, Giurgiu, Chilia, Brașov, etc.) derrocaban con éxito al gobernante que consideraban indigno. Tampoco ayudó el hecho de que los distintos pretendientes (legítimos o no, valacos/transilvanos o forasteros) tuvieran diferentes formas de influir directamente en la opinión de los boyardos. Antes de que Vlad III subiera al trono, el sentido de derecho de los boyardos y la actitud rebelde del pueblo llano era un problema tan importante que incluso alguien tan poderoso como Hunyadi acabaría muerto si unas docenas de plebeyos se ofendían una tarde. Por lo tanto, el nombramiento de un voivoda títere era una forma de que Hunyadi evitara todas esas molestias y mantuviera una cabeza viva sobre sus hombros. Pero había una ventaja más en el supuesto traspaso del trono de Valaquia por parte del general a Vladislav en lugar de mantenerlo él mismo. A saber, como noble húngaro que tenía la lealtad de Valaquia en el bolsillo, Hunyadi disfrutaría de importantes privilegios en la corte de Buda. En 1446, ya había sido nombrado regente del joven rey Ladislao V y era uno de los barones más ricos de Europa, pero eso no le impidió intentar extender su influencia aún más, ya que lanzó varias campañas militares seguidas, empezando por una infructuosa contra Ulrico II, conde de Celje. En agosto de 1448, Hunyadi estaba en plena guerra contra los otomanos, y quería unir sus fuerzas a las de Skanderbeg, el señor contemporáneo de las tierras albanesas y uno de los más feroces enemigos de los turcos. Para esta unificación, Hunyadi llevó una fuerza de más de 16.000 hombres a través de Serbia, cuyo déspota se mantuvo neutral, pero fue considerado un aliado de los turcos. Vladislav II también contribuyó a este esfuerzo militar con 8.000 soldados, pero lo más importante es que él mismo se unió a la cruzada, dejando la corte de Târgovişte totalmente abierta. Finalmente, Hunyadi se enfrentaría a los otomanos durante la Segunda Batalla de Kosovo en septiembre de 1448, que se saldó con una derrota catastrófica y humillante para él. Su posterior captura por el déspota serbio durante su retirada de la batalla fue un clavo más en el ataúd de esta humillación, aunque, curiosamente, ni siquiera esta secuencia de acontecimientos empañó significativamente su reputación entre las naciones cristianas de los Balcanes. Incluso entre sus contemporáneos, el barón húngaro gozaba de un gran respeto entre los valacos, los transilvanos, los búlgaros, los serbios y el pueblo de la Corona al que servía.

Naturalmente, todos estos acontecimientos fueron perfectos para que Vlad III entrara en la escena política balcánica en 1448. En octubre, mientras Hunyadi y Vladislav II se dirigían a luchar contra los otomanos, el joven voivoda valaco en el exilio regresó a su país y, mediante un sangriento golpe y con la ayuda de las fuerzas otomanas, se hizo con el trono en Târgovişte. Para entonces, Vlad había demostrado ser un comandante militar capaz y un líder de corazón. Ya en su primera estancia en Edirne, el joven príncipe recibió el rango de oficial en el ejército turco. El sultán Murad II había considerado claramente a Vlad como su opción preferida para ocupar el trono de Valaquia. Esto se debía, en gran parte, a los muchos años de "lavado de cerebro" otomano de Vlad; al fin y al cabo, había sido mantenido como prisionero en la corte real y era un valioso rehén, junto con su hermano menor, para ser utilizado como moneda de cambio contra Vlad II. Pero esas no fueron las únicas razones por las que Murad II (e incluso Mehmed II durante su primer reinado) favoreció a Vlad. A pesar de su comportamiento rebelde contra sus captores, el joven había demostrado ser astuto y despiadado, justo el tipo de hombre para dirigir un ejército y sentarse en el trono en nombre del sultán.

Es imposible saber en qué pensaba Vlad durante esta época. Basándonos en sus acciones posteriores, podemos decir con seguridad que no sentía ningún amor por los turcos y que su educación tanto en Eğrigöz como en Edirne había sido considerada por él como un medio estratégico para conseguir un fin: aprendería todo lo que necesitaba saber sobre las tácticas de batalla otomanas y, cuando el momento fuera favorable y ocupara el trono en Târgovişte, utilizaría los métodos de guerra propios de los turcos contra ellos. Sin embargo, al estar solo en la corte otomana, con pocos aliados reales, el príncipe tuvo que reconocer su soberanía, al menos por el momento. Durante su recuperación del trono, Vlad fue testigo de la reclamación turca de la fortaleza de Giurgiu, que seguiría bajo su dominio incluso después de su primera deposición.

Como es más o menos de esperar en la Valaquia medieval, el primer gobierno de Vlad III apenas duró un mes. Aunque la derrota de los cruzados en Kosovo había sido monumental, Vladislav II había logrado sobrevivir, al igual que una parte desconocida, pero probablemente significativa, de su ejército. No podemos estimar el número de los supervivientes de Valaquia, pero debieron ser considerables, ya que el voivoda Dănești consiguió reclamar su trono cuando regresó a Valaquia en noviembre. Con su ejército, Vladislav derrotó a las fuerzas de Drácula, y el nuevo voivoda tuvo que huir al sur del río Danubio. El 7 de diciembre, la noticia de la deposición de Drácula había llegado incluso a Constantinopla; algunas de las noticias eran claramente falsas, como la muerte de Drácula por decapitación o el hecho de que había sido derrotado por Hunyadi y no por Vladislav.

Y hablando de Hunyadi y Vladislav, a finales de 1448 ambos sufrieron las consecuencias de sus recientes acciones. La captura de Hunyadi por el déspota Stefan Lazarević había sido una experiencia humillante, y no ayudó el hecho de que Vladislav hubiera decidido no ayudar a Hunyadi durante su retirada de Kosovo (al fin y al cabo, Vladislav todavía estaba en las tierras serbias en octubre y podría haber alcanzado al déspota en cuestión de días). La decisión de Vladislav de recuperar Valaquia era importante desde el punto de vista político, pero su falta de apoyo a Hunyadi le costó muy caro. Cuando Hunyadi fue finalmente liberado del calabozo del déspota y regresó a Valaquia, le arrebató a Vladislav dos importantes territorios, a saber, Amlaș y Făgăraș. Estos asentamientos habían sido predominantemente sajones en términos demográficos, pero como feudos, habían sido el "hogar ancestral" de la dinastía Basarab, y eran igualmente importantes para ambas ramas que se disputaban el trono de Valaquia a finales del siglo XV. Al arrebatárselos a Vladislav, pero mantenerlo en el poder, Hunyadi humilló al voivoda y, al mismo tiempo, demostró cuánta influencia podía seguir ejerciendo incluso después de una gran derrota.

El exilio de Vlad

Vlad había huido inicialmente a la corte otomana de Edirne. La historia no sabe mucho sobre este breve periodo, pero muy pronto, el depuesto voivoda de Valaquia se trasladaría de nuevo, esta vez como invitado a la corte de Bogdan II de Moldavia. Como ya se ha dicho, las dos tierras siempre habían tenido una forma de parentesco: ambas hablaban la misma lengua, eran en gran medida homogéneas en cuanto a religión, sus familias reales se habían casado varias veces y se habían apoyado mutuamente durante acontecimientos cruciales como guerras, destronamientos y vueltas al trono. Y aunque no siempre coincidían (lo que veremos en capítulos posteriores), sus relaciones se habían mantenido en gran medida estables, incluso décadas después de la muerte de Vlad el Empalador.

El voivoda depuesto tenía muy buenas razones personales para refugiarse en la corte moldava. Por ejemplo, la hermana de Bogdan II era su segunda esposa. La propia esposa de Bogdan, la princesa Oltea, era de origen valaco y probablemente miembro de la dinastía Basarab. También era la madre de Esteban el Grande, que estuvo en la corte de Bogdan y que desarrollaría una estrecha amistad con Vlad el Empalador. Por último, el propio Bogdan tenía un motivo válido para recibir a Vlad en su corte, en lo que sería la actual ciudad de Suceava. Durante el reinado de Vlad II, Bogdan tuvo que buscar refugio en la corte de Târgovişte. Se desconoce el motivo de este suceso, pero es más que probable que fuera una lucha por el trono de Moldavia. El propio Bogdan sería asesinado por Petru Aron, el hijo bastardo del padre de Bogdan, Alejandro el Bueno, en 1451. Con un nuevo gobernante hostil en el trono de Moldavia, Vlad tuvo que huir de nuevo, encontrando refugio con el viejo enemigo de su padre, el propio Juan Hunyadi. Su plan era que Hunyadi le ayudara a recuperar el trono, a lo que el noble húngaro se negaría inicialmente. Sin embargo, aunque su reinado inicial había terminado en una serie de contratiempos, esto no era más que el comienzo para Vlad III. Muy pronto, toda Europa conocería su nombre.

Capítulo 2 - El segundo reinado: Vlad como gobernante, asuntos internos, relaciones exteriores, guerras, destronamiento y captura

La mayoría de los aficionados a la historia tienen la idea de que algunos de los monarcas más conocidos tuvieron largos reinados que duraron décadas. Y aunque a lo largo de la historia de la humanidad hubo personas que gobernaron durante periodos de tiempo excepcionalmente largos, la mayoría de ellos solo tuvieron unos pocos años de gobierno. De hecho, algunos apenas duraron más de un mes. Seamos un poco más concretos con esto y utilicemos los gobernantes medievales que hemos mencionado hasta ahora para ilustrar el punto. Bogdan II de Moldavia, aliado de los Dráculas, gobernó durante poco más de dos años. Ladislao V el Póstumo, aunque se le reconoce oficialmente como gobernante desde su nacimiento en 1440, en realidad no subió al trono de forma independiente hasta 1452, lo que significa que gobernó durante unos cinco años. Y aunque Vladislav II gobernó técnicamente durante nueve años en total, su primer reinado (antes de que Drácula se hiciera con el trono) apenas duró un año. El propio padre de Vlad, Vlad II Dracul, gobernó en Valaquia durante un total de diez años, repartidos en dos reinados. Su predecesor, Alejandro I Aldea, solo había sido voivoda durante cinco años. El hijo del déspota Đurađ Branković, Lazar, gobernó el despotado después de su padre durante aproximadamente dos años y le siguió su primo Stefan, que solo gobernó durante catorce meses.

Con tantos ejemplos de reinados breves, que parecían ser tan frecuentes como las guerras y los levantamientos locales, no es de extrañar que el periodo más largo y notable de Vlad III en el poder durara poco más de seis años. Si se compara con algunos de los gobernantes más apreciados tanto de Valaquia como de Moldavia, como Mircea I el Viejo (que gobernó durante un total de 29 años) y Esteban III de Moldavia, también conocido como Esteban el Grande (que gobernó durante la asombrosa cifra de 47 años), este gobierno concreto de Vlad III parece casi insignificante en comparación. Sin embargo, fue durante estos años cuando Vlad se estableció como un poderoso actor político que no temía utilizar cualquier medio necesario para lograr sus objetivos y traer algo de estabilidad a su tierra.

Esteban el Grande de Moldavia, miniatura del Evangelio, procedente del Monasterio del Humor, 1473

Acontecimientos que condujeron al segundo reinado

No conocemos el curso exacto de los acontecimientos que colocaron a Vlad el Empalador de nuevo en el trono de Valaquia. Sin embargo, podemos reconstruir lo que ocurrió en los años anteriores a su llegada. Durante su exilio en Moldavia, Vlad comenzó a reparar sus relaciones con la Corona húngara; más concretamente, se esforzó por caer en gracia a Juan Hunyadi.

Esto no era una tarea fácil en ese momento. El reino húngaro estaba, efectivamente, tan ávido de territorio e influencia en Valaquia como el Imperio otomano. Lo que los convertía en una amenaza casi mayor que los turcos era su proximidad; Valaquia y Hungría eran literalmente estados vecinos, mientras que toda Bulgaria, Serbia y lo que quedaba del Imperio romano de Oriente se interponían entre las tierras de Vlad y los otomanos. Además, gracias a los esfuerzos tanto de la actual clase política de Buda como de los gobernantes activos en la época de Vlad II, los nobles húngaros podían reclamar legítimamente grandes extensiones de territorio en Valaquia. Además, se casarían entre sí y producirían una descendencia que tendría derechos hereditarios sobre cualquiera de las tierras. Hungría se encontraba efectivamente en la misma posición que la monarquía de los Habsburgo, es decir, los austriacos, disfrutarían solo unos siglos más tarde.

En cierto sentido, Vlad III estaba un poco acorralado debido a esta situación con Hungría; rechazarla de plano no sería una opción, ya que Hunyadi no solo se negaría a ofrecer ayuda en caso de que los otomanos quisieran invadir el voivoda, sino que también podrían muy bien atacar la propia Valaquia. Sin embargo, la decisión de Vlad de aliarse más estrechamente con el reino húngaro fue en realidad un movimiento político prudente. La mayoría de los rivales y pretendientes al trono nacidos en Dăneşti de su padre contaban con ayuda externa, y el 90% de las veces era el rey húngaro quien la proporcionaba. Por lo tanto, Vlad simplemente utilizaba las tácticas de sus enemigos contra ellos, y lo hacía de forma preventiva.

A pesar de las muestras de buena voluntad de Vlad hacia Hunyadi, el barón húngaro no declaró de inmediato (y abiertamente) su apoyo. Al fin y al cabo, el padre de Vlad aún estaba fresco en la memoria del barón, y el apoyo a su astuto hijo de sangre caliente, podría haber acabado siendo contraproducente para Hungría. Había un aura general de desconfianza, que no era injustificada por parte de Hunyadi; inmediatamente después de asumir el trono, Vlad emprendería acciones que perjudicarían a la economía húngara y tensarían aún más sus relaciones.

Sin embargo, el propio Hunyadi también procedió con algunas medidas que asegurarían la desconfianza de Vlad en él. El 6 de febrero de 1452, el barón había dado instrucciones al pueblo de Braşov para que no acogiera a Drácula. Sin embargo, poco después, el voivoda de Valaquia volvería a esta ciudad con la tarea de defenderla, tarea proclamada nada menos que por el propio Hunyadi. Aunque sabemos poco de estos acontecimientos, podemos decir con seguridad, a juzgar por su proximidad y sus resultados, que el voivoda y el barón hicieron las paces entre 1452 y principios de 1456.

Valaquia a la vuelta de Vlad III; composición demográfica, asuntos internos, primeras cuestiones

Corría el año 1456 y, según las fuentes, fue a principios de la primavera o a mediados o finales del verano cuando Vlad III Drácula invadió su patria, Valaquia, y reclamó el trono a Vladislav II. Algunas fuentes afirman incluso que el voivoda mató al propio príncipe en funciones antes de declarar su soberanía. Vlad consiguió esta victoria en gran parte gracias a las fuerzas húngaras enviadas por Hunyadi. Y como hijo de un antiguo gobernante, tenía tanto derecho al trono como los pretendientes, algunos de los cuales nacieron bastardos y todos intentaron destronar al voivoda en algún momento. Uno de estos pretendientes era Dan III, mientras que otro era un sacerdote sin nombre al que se refería erróneamente como el hermano homónimo de Vlad, más tarde conocido como Vlad el Monje.

La coronación de Vlad no fue registrada, pero basándonos en cómo fueron coronados algunos de los gobernantes posteriores de Valaquia, podemos suponer que la mayoría de las costumbres de las coronaciones pasadas se utilizaron en estas últimas, aunque con algunos cambios. Una coronación típica contaba con la presencia de todos los dignatarios de la corte, los miembros del clero, los boyardos locales y la gente común. El servicio religioso propiamente dicho se celebraba en eslavo eclesiástico, aunque la mayoría de las particularidades de la coronación propiamente dicha derivaban de las costumbres romanas orientales, como ocurría en todas las naciones balcánicas ortodoxas de la época. Normalmente, un gobernante recibía un cetro, una espada, una corona de oro con gemas preciosas, el estandarte del país, su escudo, un sable y una lanza. Sin embargo, a juzgar por las ropas que Vlad llevaba en las numerosas descripciones contemporáneas del voivoda, algunas costumbres otomanas debieron de colarse en el evento. Al fin y al cabo, la vestimenta real del Empalador tenía algunos elementos otomanos interesantes, como el caftán (un tipo de túnica) de terciopelo y seda que usaban los sultanes, que estaba bordado con filamentos de oro, botones de piedras preciosas y un fino forro de marta.

Naturalmente, la coronación y el inicio del gobierno de Vlad no estuvieron exentos de problemas. Como cualquier gobernante de la época, Vlad III necesitaba tener un consejo. Por lo general, los miembros del consejo eran unas doce personas que se ocupaban de diferentes tareas relacionadas con la corte y el estado. Sin embargo, este número no era inamovible, y con los escasos datos sobre el reinado de Vlad, no podemos saber con seguridad cuántos miembros tuvo finalmente su consejo o consejos, ni quiénes eran. Sin embargo, por lo que sabemos, Vlad tenía la costumbre de deshacerse de cualquier miembro del consejo que considerara indigno, a menudo de forma brutal.

De 1456 a 1462, tenemos registros de varias personas clave durante el reinado de Vlad. Una persona que, en principio, no había ocupado ningún cargo real durante la mayor parte de la primera infancia y adolescencia de Vlad era un anciano erudito de la corte llamado Manea Udrişte. Tenía el título de vornic, que sería el equivalente a un juez supremo. Este fue el mismo cargo que ocupó durante los reinados de varios gobernantes, pero en 1453, su propio hijo Dragomir le sucedería, sirviendo como vornic a Vladislav II. Debido a esta circunstancia, Vlad III veía a Dragomir como un adversario acérrimo, por lo que los vornic desaparecieron por completo de la escena política durante el segundo reinado del Empalador, volviendo mucho después de que Vlad fuera depuesto y cautivo de los húngaros.

Por supuesto, Manea no fue más que el primer miembro del consejo que, según los documentos históricos, sirvió bajo el mandato del Empalador. Algunos de los otros miembros notables incluyen:

- Codrea, un vornic en 1457, destinado en Braşov

- Dragomir, hijo de Ţacal, boyardo de alto rango y posible vornic entre 1457 y 1459

- Voico, hijo de Dobriţa, primer consejero entre 1457 y 1461

- Stan, hijo de Negrea, boyardo de alto rango que también sirvió a las órdenes de Vladislav II; su servicio terminó probablemente hacia 1459

- Duca (también Doukas), un jupan griego (o *župan*, un título eslavo con el significado aproximado de "gran príncipe") que también sirvió durante los reinados de Vladislav II y Radu el Hermoso, atestiguado solo en 1457

- Cazan, hijo de Sahac, miembro del consejo de la corte de Valaquia desde la década de 1430, atestiguado como canciller en 1457

- Calcea, atestiguado en 1457 como secretario de Vlad, más tarde ascendido a canciller

- Linart (también Leonard o Leonhard), sajón transilvano de Braşov, atestiguado como secretario latino de Vlad y promovido a canciller en 1461

- Iova, atestiguado como condestable en 1457 y tesorero en 1458

El reinado de Vlad fue infame por la forma en que trataba a los miembros del consejo insubordinados o ineficientes. Bastantes de los que se enumeran aquí desaparecieron por completo de los documentos de la corte después de menos de un año desde que fueron nombrados (o al menos declarados en el poder). Esto se debe a que Vlad tenía la costumbre de ejecutar a cualquier boyardo de alto rango que no cumpliera con sus obligaciones según lo establecido. Sin embargo, había algunas excepciones. La más notable fue Cazan, un hombre que había estado al servicio de la corte desde el reinado de Alejandro Aldea en 1431. Más impresionante es el hecho de que siguiera siendo funcionario de la corte hasta 1478, habiendo sido desde boyardo hasta canciller e incluso jupan.

Otro aspecto clave del consejo "cambiante" de Vlad es el hecho de que algunos de sus miembros habían servido abiertamente a sus enemigos, principalmente a los pretendientes de la línea Dănești. Parece que Vlad hizo bien en ejecutarlos, ya que los que fueron desterrados o consiguieron escapar volvieron a servir a los adversarios de Vlad. Duca es el mejor ejemplo de este fenómeno. Siendo inicialmente consejero de Vladislav II en 1451, no reapareció hasta 1457, el primer y único año que serviría bajo Vlad III. Los historiadores especulan con la posibilidad de que estuviera aliado con los sajones de Transilvania y los húngaros, lo que sin duda llevaría a Vlad a creer que Duca estaba trabajando para deponerle en favor de un pretendiente-gobernante más dócil. Teniendo en cuenta que Duca había servido al hermano menor de Vlad, Radu, durante casi seis años después de la deposición del propio Vlad, el voivoda había hecho bien en deshacerse de él tan pronto como lo hizo.

De forma un tanto paradójica, aunque Vlad tenía evidentes tendencias xenófobas, casi siempre justificadas de algún modo y, no lo olvidemos, nada infrecuentes en los monarcas contemporáneos, su corte de miembros del consejo "cambiante" no estaba formada únicamente por valacos. Ya vimos en los documentos oficiales que tanto griegos como incluso sajones podían acabar en altos cargos de la corte de Drácula. Laonikos Chalkokondyles, un historiador romano oriental, escribió extensamente sobre los Balcanes en su afamada obra *Las Historias*, escrita en diez tomos. En relación con Drácula, Chalkokondyles menciona que el voivoda tenía una corte en la que ningún miembro del consejo podía confiar en los demás debido a lo retorcidos que eran todos. En palabras del historiador, Vlad empleaba a húngaros, serbios, turcos y tártaros si le servían para sus propósitos. También es muy probable que algunos moldavos ocuparan puestos importantes, teniendo en cuenta las relaciones amistosas de Vlad con los gobernantes de este reino de habla rumana. Resulta fascinante saber que uno de los gobernantes más discutiblemente chovinistas de la historia tuviera una corte tan diversa, cuyo único rasgo común era lo corruptos que eran, un rasgo que en última instancia acosa a cualquier organismo gubernamental, incluso hoy en día.

Como ya se ha dicho, uno de los principales problemas con los que tuvo que lidiar la corte de Valaquia fue la naturaleza turbia de los boyardos y la algarabía de los plebeyos. El deseo de Vlad de tener un control total sobre quién se sentaba en su consejo, así como su rapidez para eliminar a los que lo socavaban, dio como resultado un país un poco más uniforme que antes. Por supuesto, no siempre recompensaba la lealtad de sus consejeros. Codrea, por ejemplo, era fiel a Vlad III, pero eso no impidió que el voivoda lo ejecutara en 1459.

La Valaquia de Vlad era un país pequeño y mayoritariamente rural. Según ciertas estimaciones y conjeturas, debía tener, como máximo, 400.000 habitantes. De ellos, más del 90% vivía en aldeas. Solo había diecisiete grandes ciudades comerciales, de las cuales tres servirían como capitales de la corte. La primera era Câmpulung, y seguiría siendo capital al menos desde 1300 hasta 1330, momento en que fue sustituida por Curtea de Argeș. Târgoviște, la capital de Vlad III, cobraría protagonismo en 1408.

Algunas de las otras ciudades importantes de Valaquia eran:

- Chilia (o Kilia, la actual Kiliya en Ucrania)
- Brăila
- Târgul de Floci
- Giurgiu

- Turnu
- Turnu Severin

Curiosamente, ninguna ciudad de Valaquia tenía fortalezas como otras ciudades de los Balcanes medievales. Las pocas que las tenían solían estar en manos de los húngaros o los turcos. En su lugar, la población local optaba por esconderse en los bosques o monasterios si se producía una guerra importante o una catástrofe. Las propias ciudades estaban mal fortificadas, con frágiles recintos de ladrillo o madera a su alrededor. Para los nativos de Valaquia, esa falta de fortificación era una bendición, ya que la mayoría de las ciudades fortificadas eran objeto de constantes luchas por parte de las diferentes potencias regionales; por lo tanto, vivir dentro de una ciudad de este tipo suponía muchas más muertes y mucho más peligro.

Volviendo a la población de Valaquia en la Edad Media, las cifras estimadas muestran lo brutal y eficiente que había sido el régimen de Drácula. Al llegar la década de 1470, la misma zona gobernada por el Empalador tenía, como mínimo, 60.000 personas menos que en su época. Por supuesto, las guerras y los levantamientos explican algunas de esas pérdidas, pero incluso si tenemos en cuenta eso, el número de personas que murieron durante el reinado de Drácula es asombroso.

Dentro de esa población, Vlad III sí contaba con personas dispuestas a dar su vida por él, y la mayoría de ellas constituían su ejército. Las tropas del voivoda consistían en dos grandes regimientos. El primero era el llamado "pequeño ejército", formado por los hijos de los nobles menores, algunos boyardos y la gente libre propietaria de tierras conocida como *curteni* (el término es una forma plural de curtean). El pequeño ejército estaba compuesto por no más de 10.000 personas, lo que lo convertía en una tercera parte del "gran ejército". Este enorme regimiento estaba formado en su mayoría por plebeyos con edad suficiente para portar armas, y la mayoría absoluta eran hombres.

Vlad III y los asuntos exteriores
Vlad y los húngaros

El ascenso al poder del Empalador conllevó nuevos retos y problemas. Como voivoda, tuvo que establecer o restablecer relaciones exteriores con las monarquías circundantes, incluidos pesos pesados como Hungría y el Imperio otomano. En cuanto a la primera, Vlad estaba, por el momento, algo seguro. Juan Hunyadi le había proporcionado finalmente un apoyo abierto, aunque no duraría mucho, ya que Hunyadi moriría pronto en agosto de 1456. Sin embargo, la palabra de Hunyadi era una importante ventaja política para Vlad, teniendo en cuenta la gran influencia que el barón había tenido en la corte de Buda. Sin embargo, con su temprana muerte, casi todos los asuntos de Estado de Hungría quedaron en manos del rey, el joven Ladislao V el Póstumo. Vlad se dispuso inmediatamente a jurar lealtad al rey, lo que se puede atestiguar en varios documentos de tratados que el voivoda firmó con los sajones tanto de Braşov como de Sibiu. Estos tratados obligaban a Vlad a defender a los sajones de Transilvania de las invasiones turcas y a permitir a los comerciantes sajones circular libremente sin tener que pagar impuestos (aunque este último privilegio no se concedía a los habitantes de Sibiu); A cambio, los transilvanos y los húngaros debían dar cobijo al voivoda en caso de que fuera atacado por una fuerza externa o por un traidor interno (y con los pretendientes al trono de Valaquia surgiendo casi anualmente, no era una petición poco razonable por parte de Vlad). Naturalmente, el Empalador no cumplió su parte del acuerdo, teniendo en cuenta que los turcos ya estaban asaltando Transilvania apenas unos días después de la firma. No es de extrañar, pues, que los burgueses de Braşov, Sibiu y Amlaş acogieran abiertamente a dos pretendientes diferentes al trono, Dan y Vlad, respectivamente, después de que el hijo mayor de Hunyadi, Ladislaus, escribiera una carta sobre los supuestos crímenes del Empalador. Tras la lectura de las cartas, uno podría tener la impresión de que Ladislao era intencionadamente vago en su valoración del voivoda de Valaquia, y tendría toda la razón. En la mente del hijo de Hunyadi, así como de la mayoría de la nobleza húngara y sajona de las principales ciudades de Transilvania, Vlad era prescindible, y solo necesitaban una buena excusa para sustituirlo por alguien más sumiso.

Por supuesto, Vlad no se ganó este trato de la nada. En algún momento entre finales de 1456 y principios de 1457, el voivoda había ordenado la producción de nuevas monedas valacas. Una de estas monedas era el *ban* de plata, que era similar a los ducados de oro de Vladislav II en la medida en que estaba hecho de metal puro y pesaba aproximadamente 0,40 gramos. La acuñación de monedas con heráldica y valor propios puede parecer una cuestión trivial, pero hay que tener en cuenta que Hungría y Valaquia estaban en unión monetaria desde 1424. En otras palabras, los valacos estaban obligados a utilizar monedas húngaras, lo que les hacía depender económicamente de la corte de Buda. Con su propia ceca, los valacos ganaron un nuevo nivel de autonomía, que perjudicaría los intereses húngaros. Además, las monedas húngaras estaban peligrosamente devaluadas en esta época, a diferencia de las nuevas emitidas por Vlad III.

La otra posible razón por la que Vlad era considerado un enemigo por Ladislao Hunyadi y los transilvanos era el hecho de que quería recuperar antiguos territorios que ya no estaban bajo el dominio directo de los valacos. Vlad lanzaría ataques concentrados en Braşov, Sibiu y Beckendorf, una ciudad que supuestamente albergaba a Dan III, uno de los pretendientes al trono durante el reinado de Drácula.

Lo más interesante es que los asedios de Drácula a Braşov y Sibiu no fueron totalmente en su propio beneficio. Es decir, a pesar del trato que le dio Ladislao, el voivoda permaneció leal a los Hunyadi, lo que resultaría decisivo en los acontecimientos posteriores. Tras la muerte de Juan Hunyadi en agosto de 1456, su hijo mayor, junto con su viuda Isabel y su cuñado superviviente Miguel Szilágyi, crearon una fisura en la política de la corte húngara. La muerte de Hunyadi se produjo menos de tres semanas después del famoso Sitio de Belgrado, en el que aplastó con éxito a las fuerzas otomanas del sultán Mehmed II, el mismo que había aplastado Constantinopla y acabado con el Imperio romano de Oriente poco más de tres años antes del sitio. Una de las disputas que quedaron tras la muerte de Hunyadi fue su rivalidad con Ulrico de Celje; Ulrico acabaría siendo asesinado por Ladislao Hunyadi el 9 de noviembre de ese mismo año. Teniendo en cuenta la posición de Ulrich como uno de los regentes del rey Ladislao V, el joven monarca tuvo que jurar a la Casa de Hunyadi que no perseguiría la venganza. Sin embargo, sus barones leales, entre los que se encontraban figuras poderosas como Ladislao Garai, Ladislao Pálóci y Nicolás Újlaki, se opusieron firmemente a esta decisión, y el país se vio abocado a una guerra civil de facto. Garai y Pálóci eran altos funcionarios de la corte, siendo el primero un palatino (algo parecido a un virrey o un regente) y el segundo un juez real, que era el rango directamente inferior al palatino. Újlaki, por su parte, era voivoda de Transilvania, cargo que compartía con el ya fallecido Juan Hunyadi, por lo que su participación en este asunto influiría directamente también en los asuntos de Valaquia.

Los barones mencionados anteriormente no eran más que tres de los muchos partidarios de Ladislao el Póstumo. Sin embargo, crecía el sentimiento de que la Casa de Hunyadi debía ocupar el trono. La idea se materializó cuando Ladislao V encarceló tanto a Ladislao Hunyadi como a su hermano menor Matías, mandando ejecutar al hermano mayor en marzo de 1457. En represalia, Isabel y Miguel Szilágyi formarían la llamada Liga Szilágyi - Hunyadi, un movimiento que apoyaba abiertamente el destronamiento de Ladislao y la elevación del joven Matías al rango de rey. Sus tropas empezaron a asaltar las regiones húngaras al este del río Tisza, obligando al joven rey a huir a Viena y a llevarse a Matías con él. Estando allí, Ladislao el Póstumo murió inesperadamente el 23 de noviembre de 1457. No tenía descendencia, por lo que se produjo un breve interregno. Para evitar una guerra civil propiamente dicha y apaciguar a todas las partes, la Dieta húngara (equivalente a un parlamento moderno) coronó rey a Matías el 24 de enero de 1458. Se casó con Anna, la viuda del difunto hermano mayor de Matías y la hija de Ladislao Garai, sellando el tratado entre los leales y la Liga. Además, Miguel Szilágyi se convirtió en el regente del nuevo joven rey. Curiosamente, aunque Nicolás Újlaki había sido uno de los mayores opositores de los Hunyadis, acabaría siendo uno de los partidarios más fieles del rey Matías en años posteriores, obteniendo varios títulos importantes. La mayoría de estos títulos estaban relacionados con los territorios de los Balcanes Occidentales (fue apodado rey de Bosnia, que ya era un territorio otomano en aquella época, así como un ban, un noble de alto rango parecido a un príncipe, de Croacia, Eslavonia y Dalmacia y, lo que es más importante, conde perpetuo de Teočak, una zona de Bosnia cercana a la actual ciudad de Tuzla). En otras palabras, Újlaki no tuvo casi nada que ver con Transilvania mucho después de la deposición de Vlad III.

Michael Szilágyi fue una figura clave en el reinado de Vlad durante 1457. Como leal partidario de Hunyadi, lanzó algunas campañas contra los szeklers y los sajones de Transilvania, centrándose en Sibiu y Brașov. Lo hizo a principios de 1457, más o menos cuando Vlad III lanzó sus ultimátums a estas ciudades. Los szilágyicos y Vlad III obtuvieron una victoria decisiva, obligando a los burgueses sajones locales y a los leales a Ladislao V a firmar un tratado que favorecía al bando vencedor. Vlad ganó mucho con este tratado: el pretendiente Dan fue expulsado de la zona, y los lugareños se vieron obligados a rechazar cualquier otra ayuda para él. Además, Vlad reabrió el comercio con sus mercaderes, lo que supondría un impulso para la economía local. Por supuesto, la mayor victoria fue el hecho de que los mercaderes valacos tuvieran por fin plena libertad y seguridad para comerciar en suelo transilvano, una hazaña que ningún predecesor de Vlad había conseguido a pesar de años de intentos fallidos. En resumen, la lucha por el poder húngaro fue la oportunidad perfecta para que el Empalador matara varios pájaros de un tiro: En primer lugar, recuperar los territorios que consideraba su hogar ancestral (curiosamente, el propio tratado se firmó en su Sighişoara natal); a continuación, proporcionar una fácil ayuda económica a los comerciantes de su país con mínimas pérdidas por su parte; después, asegurarse un poderoso aliado exterior en la forma de Miguel Szilágyi y establecerse como un factor político relevante en la región; y, por último, establecerse como una fuerza dominante en su Valaquia natal y como elemento disuasorio contra cualquier posible aspirante a su trono. Vlad llevaba menos de un año en el poder y ya había conseguido todo esto simplemente tomando decisiones estratégicas prudentes.

Sin embargo, la buena suerte de Vlad no duraría mucho. El rey Matías destituiría a Garai como palatino y más tarde convencería a Szilágyi de que renunciara a su título de regente. En junio de 1458, Szilágyi fue nombrado conde del distrito de Bistriţa, una de las principales sedes de los sajones de Transilvania. Aunque el propio Szilágyi no renunció al cargo de regente hasta el año siguiente, el joven Matías se convirtió en el único gobernante del reino, y ambos se enfrentaron inmediatamente. Debido al cuervo que figuraba en el escudo de armas de la Casa de Hunyadi, Matías llevaba el apodo de Corvino, un sobrenombre que heredaría su descendencia.

A diferencia de algunos de sus predecesores, Corvino favorecía a los sajones frente a los valacos, de ahí que no prestara apoyo inmediato a Vlad III. De hecho, mientras Szilágyi conspiraba contra el joven rey (y fue arrestado por sus acciones en Belgrado a finales de año), Corvino envió un enviado, el noble polaco conocido como el Benito de Boythor, a Valaquia para mantener una delicada discusión con el voivoda. Según la leyenda (de la que hablaremos en un capítulo posterior), el embajador no se sintió precisamente bienvenido en la corte de Târgovişte. De hecho, el gobernante de Valaquia le aterrorizaba y, para ser justos, si no hubiera abordado el asunto con prudencia, lo más probable es que lo hubieran matado en el acto. La misión de Benedicto era convencer a Vlad III de que estabilizara sus relaciones con los sajones de Transilvania, quien, a su vez, admitiría haber perjudicado al voivoda y a su pueblo en el pasado. Debido a su historia con los sajones, a Drácula no le agradó demasiado esta tarea que le planteaba el joven rey. De hecho, en los próximos meses haría exactamente lo contrario: no solo emitiría un nuevo ducado de plata y lo haría acuñar en la nueva capital de București, sino que restablecería las prohibiciones de comercio y los altos impuestos a todos los comerciantes sajones de Sibiu y Brașov. En concreto, limitó sus capacidades a tres ciudades en total: Câmpulung, Târgșor y Târgoviște. Los valacos quedaron, una vez más, exentos de estas nuevas leyes, haciendo saber claramente a los sajones dónde se encontraban en el orden jerárquico de los voivodas.

También se pidió a Vlad III que se uniera a la posible cruzada contra los turcos. Las razones para ello eran abundantes: Serbia, un país notablemente débil en ese momento, atravesaba una agitación política tras la muerte del déspota Lazar Branković. Su hermano, conocido como Esteban el Ciego, y la viuda de Lazar, Helena Palaiologina, ostentaban el poder y querían prometer su lealtad a la corte húngara. Sin embargo, un comandante del ejército conocido como Michael Angelović quería convertirse en vasallo de los otomanos, en gran parte debido a que su propio hermano, Mahmud Pasha, era el gran visir y el principal consejero del sultán en ese momento. Los sucesores de Lazar arrestaron a Angelović, lo que llevó al sultán Mehmed II a enviar a Mahmud Pasha con un ejército a Serbia y terminar la conquista. En ese momento, solo la ciudad de Semendria (la actual Smederevo) logró resistir los avances turcos.

La razón por la que la inevitable caída de Serbia era importante tanto para el rey Matías Corvino como para Vlad III es bastante pragmática. Los restos del despotado serbio eran literalmente lo único que se interponía entre los otomanos, por un lado, y Valaquia y Hungría, por otro. Sin esa barrera, ambos países estaban expuestos a posibles saqueos, ataques, incursiones y otros peligros. Por suerte,

Mahmud Pasha no llegó a Semendria propiamente dicha; según algunos relatos de testigos presenciales, que fueron escritos por un anónimo contemporáneo de estos hechos, el comandante turco entró en Valaquia, reclamó una fortaleza (más que probablemente la de Turnu Severin, aunque esto está aún por confirmar) y, tras intentar cruzar el Danubio con sus soldados y sus prisioneros, fue brutalmente atacado por Drácula y su ejército de 5.000 personas, formado por valacos y húngaros. Si el relato histórico es creíble, de los 18.000 soldados otomanos, menos de 8.000 pudieron retirarse. El resto murió en la batalla o se ahogó en el río. La cuestión serbia, por supuesto, no se resolvería adecuadamente, ya que Matías había acordado en un consejo con el emperador del Sacro Imperio Romano Germánico Federico III casar a la hija del déspota Lázaro con el actual rey de Bosnia, que era otro estado en decadencia en ese momento. En 1459, Mehmed II se anexionaría finalmente lo que quedaba de Serbia, dejando a Hungría, Transilvania y Valaquia expuestas a nuevos ataques.

Matías Corvino, debido a las acciones de Vlad contra los sajones y los szeklers, comenzó a proporcionar apoyo a los pretendientes al trono de Valaquia, de forma similar a como su padre había manejado las cosas en su día. Dos de estos pretendientes eran conocidos como Basarab II y Dan III, este último presumiblemente asesinado por el propio Vlad de una manera particularmente espantosa. Además de estas acciones, el joven rey también había permitido que estos pretendientes buscaran refugio entre los sajones de Transilvania, pero lo más importante es que prohibió a cualquier mercader de Braşov comerciar con armas con los valacos.

Esta animosidad entre los gobernantes duraría al menos hasta 1460. Sin embargo, con el paso de los años, los dos hombres llegaron a entenderse y sus relaciones se normalizaron un poco. De hecho, en 1461, Matías propuso al voivoda valaco casarse con una mujer de su familia, la noble (y futura segunda esposa de Vlad) Jusztina Szilágyi. Esta noticia inquietó mucho al sultán Mehmed II, que vio en ello, con razón, una forma de que Vlad reforzara sus alianzas con las demás naciones cristianas y, posiblemente, trabajara en una forma de luchar contra los turcos. En los últimos años del segundo reinado de Vlad, esta situación se convertiría en una guerra con grandes pérdidas para ambos bandos.

Relieve del rey Matías Corvino, de Beatriz de Nápoles y Matías Corvino, *autor desconocido, hacia 1485-1490 (esta pieza es una copia posterior del siglo XIX)*

Vlad y los turcos

Inicialmente, aunque no de buen grado, Vlad había sido un aliado de los otomanos. Por ejemplo, no los atacó abiertamente durante los primeros meses de su reinado, optando por mantenerse, más o menos, neutral y reforzando solo algunas de las relaciones clave con los húngaros y los moldavos. Curiosamente, a diferencia de la mayoría de los estados vasallos durante los reinados de Murad II y Mehmed II, Valaquia había permanecido en gran medida autónoma.

Vlad, por supuesto, tenía que pagar un tributo anual a los turcos para evitar la ira del ejército del sultán. Sin embargo, había algunos elementos clave que lo convertían en un gobernante más independiente que sus contemporáneos. Por ejemplo, ningún miembro de la familia inmediata de Vlad era prisionero del sultán, salvo su hermano Radu. Sin embargo, a estas alturas, Radu había permanecido en la corte otomana por voluntad propia, habiéndose convertido en una especie de favorito de los sultanes. De hecho, es posible que fuera la insistencia de Radu la que llevó a Vlad III al trono, lo que resulta aún más plausible si se tiene en cuenta que el Empalador no había atacado a los turcos en los primeros años de su reinado.

Otro elemento importante para la autonomía de Valaquia en 1456 fue el hecho de que Vlad, incluso durante los últimos días de su reinado, nunca envió a ningún joven como tributo. Las fuentes de la época atestiguan que tenía que enviar al menos 500 jóvenes al sultán cada año, pero según la correspondencia personal de Vlad con los gobernantes de la época (incluida su carta al rey Matías Corvino), no parece haber ninguna mención a esta exigencia por parte de los otomanos. Un lector podría concluir que Vlad simplemente mintió por omisión al afirmar que no tenía que enviar a ningún joven como tributo, pero esto es muy poco probable. Al fin y al cabo, en sus cartas exponía claramente lo que creía que planeaban los turcos y los peligros que representaban para su país y sus compatriotas. Como alguien que busca ayuda contra un agresor, sería ilógico dejar de lado un método de sometimiento tan importante como el Devshirme.

El tercer y último elemento que demuestra que Vlad no era un vasallo completamente sumiso a los otomanos lo encontramos en los documentos legales de su época. Mientras estaba en el poder, Vlad había negado a los otomanos el paso libre a través de Valaquia con el fin de asaltar a los transilvanos. Tampoco se les permitía establecerse en Valaquia de forma permanente, comprar o poseer tierras, construir mezquitas o alcanzar algún poder político adecuado.

Además, el cristianismo ortodoxo se practicaba libremente, y el príncipe, si no era mediante primogenitura, solo podía ser elegido por los boyardos y el clero, no por los otomanos directamente.

Las guerras de Vlad III: principales batallas y campañas

La campaña del Danubio

Las precarias relaciones de Vlad con casi todo el mundo no tardarían en dar sus frutos. Cuando Mehmed II se enteró de que el voivoda planeaba casarse con la prima del rey húngaro a principios de 1462, envió un emisario para intentar convencer a Vlad de que visitara la Sublime Puerta (la corte medieval otomana) y hablara de sus futuros proyectos. El sirviente que el sultán envió para llevar a cabo esta tarea fue un secretario griego conocido como Tomás Katabolenos, un hábil diplomático recomendado por el propio patriarca cristiano ecuménico. Tras la caída de Constantinopla, los griegos, que seguían considerándose romanos orientales, quedaron bajo el dominio del sultán, pero este no los gobernaba exactamente de forma directa, sino que el patriarca y la Iglesia asumían la mayor parte de las tareas de gobierno como apoderados. Teniendo en cuenta el estatus de la Iglesia Ortodoxa Romana de Oriente como ecuménica, es decir, la que está por encima de todas las demás, las Iglesias ortodoxas de Valaquia y Moldavia eran sus subordinadas directas. Por lo tanto, la medida de Mehmed II fue bastante prudente. Un diplomático conocedor de los asuntos cristianos podría convencer a Vlad más fácilmente de que visitara al sultán que cualquier diplomático musulmán.

Pero Vlad era todo menos ignorante de lo que significaba esta invitación. Su propio padre había cometido antes el error de presentarse en la corte del sultán, y toda la familia acabó desordenada después de aquello, por decirlo suavemente. Por ello, el Empalador pidió al sultán que enviara un bey local (título que significa "jefe de una zona de tierra") para "vigilar la frontera y mantener la seguridad del país"; el razonamiento que utilizó Vlad fue, en efecto, bastante sólido y sorprendentemente acertado, ya que afirmaba que el país, que quedaría en manos de los boyardos locales, se desmoronaría, ya que nadie le era fiel. Con esta idea, Mehmed II envió a Hamza Bey, gobernador de Nicópolis, a vigilar el río Danubio.

Astutamente, Drácula envió una carta al rey Matías Corvino, advirtiéndole de los peligros que los turcos representaban y, casi de forma previsible, afirmando que su aventura en Constantinopla significaría su muerte y que Hamza Bey estaba más que dispuesto a arrastrar a Drácula a la nueva capital de los otomanos, por la fuerza si era necesario. Así que Drácula actuó rápidamente, capturando a Hamza Bey y a Thomas Katabolenos y empalándolos poco después. Alrededor de cuarenta de sus hombres también fueron empalados y mutilados, y sus cadáveres cubrieron las paredes de Târgoviște.

Por supuesto, eso fue solo el precursor de lo que llamamos la campaña danubiana de Drácula. No mucho después de haber despachado a los dos sirvientes del sultán, Vlad llevó a su ejército a través del Danubio congelado y dividió a los hombres en varios escuadrones. Su plan consistía en cubrir todas las tierras fronterizas junto al gran río, desde Chilia en el sureste hasta Rahova en el noroeste, cerca de la desembocadura del río Jiu. Se trataba de una enorme franja de 800 kilómetros (casi 500 millas) por cubrir, y tenían que hacerlo nada menos que en medio de un invierno devastador. Pero Vlad III hizo mucho más que simplemente tener éxito en su misión. De hecho, aplastó por completo casi todo lo que había junto al río Danubio que no fuera Valaquia. En el proceso, reconquistó la importante fortaleza de Giurgiu, y al parecer ordenó a los lugareños que abrieran las puertas en turco fluido antes de hacer que sus hombres la inundaran y asesinaran a todo lo que se moviera.

Tanto los turcos como los búlgaros locales murieron en las constantes incursiones, asesinados en tierra o mientras transportaban mercancías por el río. Ninguna mujer o niño se salvó durante esta horrible incursión, y toda la gente que no murió por la espada sucumbiría a las llamas de uno de los cientos de incendios. Según su propia estimación, que puede ser exagerada, pero no deja de ser fascinante, el voivoda afirma haber matado a un total de 22.883 personas. Y, según sus propias palabras, se trata solo de los que fueron decapitados. No contó a ninguna de las personas quemadas vivas o asesinadas de tal manera que no se podía separar la cabeza del cuerpo.

Además de esta matanza masiva, equivalente a un genocidio si no fuera por las diversas nacionalidades que murieron bajo las espadas de los valacos, Vlad también ordenó la destrucción de bienes materiales, vehículos de transporte como carros y balsas, casas, torreones, iglesias y las pocas fortalezas que había en el Danubio en el lado búlgaro. Su plan consistía en impedir que los locales financiaran y abastecieran a las tropas otomanas en caso de que el sultán tuviera ganas de invadir el voivodato. Pero lo más importante era que Vlad quería demostrar a los turcos que iba en serio, que incluso los ejércitos mejor preparados del sultán no podían hacer ningún daño a sus propios guerreros, y que era capaz y estaba dispuesto a asesinar a miles de civiles para demostrar su punto.

En una larga carta que envió al rey Matías Corvino, Vlad enumera todas las ciudades, pueblos, aldeas y fortalezas que acabaron quemados, saqueados o dañados tras su asedio. No hubo ninguna compasión real en la voz del voivoda por todos los inocentes que murieron; simplemente los enumera y los deja de lado en la siguiente frase. Sin embargo, lo más inquietante es la duplicidad de algunas declaraciones de Vlad. Afirma haber hecho lo que hizo por la preservación del cristianismo, la fe católica y la corona del rey húngaro, pero cada una de esas declaraciones es patentemente hipócrita. Según todas las fuentes que tenemos, Vlad solo se convirtió al catolicismo durante su encarcelamiento, que tuvo lugar en algún momento antes de su muerte. Hasta ese momento, era más que probable que fuera un gobernante ortodoxo, aunque no fuera practicante y a pesar de sus atroces actos mientras estaba en la corte. Además, sabemos que rara vez daba importancia al cristianismo como objetivo moral, teniendo en cuenta que se había negado a unirse a unas cuantas cruzadas potenciales. Además, la corona húngara no significaba exactamente mucho para él, aparte del hecho de que estaba colocada en la cabeza de un poderoso aliado político (cuya posición en la corte era, en el mejor de los casos, tan inestable como la suya propia en Valaquia). Y, por último, Vlad había cometido la mayoría de estas atrocidades contra hombres y mujeres cristianos inocentes de Bulgaria. A ningún autodenominado luchador por la cristiandad se le ocurriría aprobar el asesinato de civiles, y mucho menos de la forma en que Vlad lo había hecho.

El ataque nocturno

Una vez enviada la carta, a Corvino le llegó la hora de actuar. Gracias a sus esfuerzos, esta misma carta llegó a otros gobernantes europeos de la época, llegando incluso al norte de Italia. Aunque Matías podía sentir simpatía por la causa de Vlad (o al menos veía la oportunidad de aplastar a los otomanos), su presupuesto real y el estado de su corte no le permitían gastar dinero en una campaña antiturca. Hizo un gran esfuerzo con varios nobles italianos y con el clero para que le ayudaran con dinero en esta posible cruzada, pero al final se quedó en nada. Solo, Corvino no podía arriesgarse a una guerra con el sultán.

La derrota de los otomanos fue tan aplastante y devastadora que no es exagerado decir que fue su mayor derrota (hasta ese momento) desde que Mehmed II llegó al poder. Naturalmente, la Puerta tenía que tomar represalias, así que el sultán reunió el que posiblemente fuera el mayor ejército desde el Sitio de Constantinopla, que había tenido lugar menos de una década antes. Dos de los principales regimientos de su ejército consistían en tropas de tierra, con él mismo al mando. Se dirigieron directamente a la antigua capital de Drácula, Târgovişte. La flota, sin embargo, se encontraba en Brăila, una ciudad portuaria cercana a otra importante zona habitada, la disputada ciudad de Chilia. Esteban el Grande de Moldavia siempre había sido un aliado del voivoda de Valaquia, pero Chilia nunca dejó de ser un tema candente, que el gobernante moldavo trataba de arreglar. La propia Brăila sería incendiada, pero Chilia no caería en manos otomanas, ni volvería a manos del príncipe Esteban ese año. Aunque los propios turcos veían este puerto como extremadamente importante y ponían mucho énfasis en capturarlo, no se harían con su control hasta 1484.

Vlad había visto el considerable ejército de Mehmed II. El 4 de junio de 1462, el ejército cruzó el Danubio en Nicópolis (la actual Nikopol en Bulgaria) y se dirigió con paso firme hacia Târgovişte. Haciendo gala una vez más de su carácter astuto, Vlad empleó una política de tierra quemada; cada vez que se retiraba, su ejército quemaba las cosechas y destruía todas las viviendas, dejando solo cenizas a los conquistadores. El caluroso sol del verano ayudó mucho a Vlad en esta tarea. Al final de la campaña, las tropas turcas habían sufrido un gran agotamiento por el calor y apoplejías, siendo las pérdidas en su bando significativamente superiores a las del bando valaco. Sin embargo, el verdadero momento de triunfo de Vlad, así como su posible mayor fracaso, llegaría en la noche entre el 17 y el 18 de junio.

Varios relatos históricos de la época hablan de este ataque, y aunque hay algunas variaciones significativas en cuanto a los detalles, el curso básico de los acontecimientos es el mismo. Al llegar a Târgovişte, pero antes de entrar en ella, los otomanos establecieron un campamento base. Vlad vio esto como una gran oportunidad para una tarea que no era ni mucho menos fácil, pero que podía cambiar el curso de la guerra de forma significativa. Tomando entre 7.000 y 10.000 hombres, el voivoda los dividió en dos grupos y atacó el campamento por la noche, cuando los otomanos menos lo sospechaban. Su principal objetivo era matar a Mehmed II y a sus principales visires. Los asesinatos de estos individuos actuarían entonces como catalizador para que los ejércitos turcos cayeran en desorden. Si Vlad hubiera tenido éxito, se habría producido una batalla dinástica en la Puerta, lo que habría permitido a las naciones cristianas de los Balcanes respirar con alivio durante un tiempo y reorganizar sus esfuerzos. Lamentablemente, Vlad no dañó al sultán (aunque, según algunas fuentes, el ejército del voivoda sí hirió a Mehmed, aunque no fatalmente) y tuvo que retirarse a los espesos bosques de Valaquia. Al parecer, los otomanos estaban aterrorizados y, una vez calmada la confusión, consiguieron capturar a varios soldados valacos y decapitarlos en represalia.

El último acto de desafío propiamente dicho de Vlad se debió a su ausencia de Târgovişte cuando los otomanos la alcanzaron a finales de junio. Las fuentes afirman que el ejército musulmán entró en la ciudad desierta, que estaba llena de cadáveres empalados de todas las edades, tanto de hombres como de mujeres, y de todas las nacionalidades. Incluso reconocieron a algunos de los dignatarios de la corte de Constantinopla que habían sido enviados a principios de ese año. El propio sultán declaró que no podía privar a Valaquia de un gobernante tan cruel y a la vez tan competente, por lo que abandonó la capital, con sus hombres anonadados y confundidos por lo que acababa de suceder.

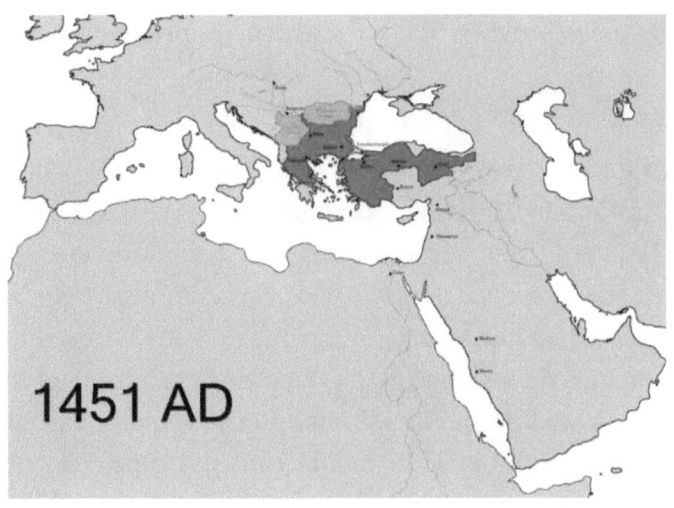

Mapa del Imperio otomano durante el segundo reinado de Mehmed II el Conquistador; Valaquia y Serbia se muestran en verde claro[ii]

Las últimas batallas de 1462 antes del destronamiento

Tras su retirada, Mehmed comenzó su movimiento hacia Chilia, que ahora estaba siendo atacada por Esteban el Grande. Algunos documentos de esta época dan a entender que el príncipe moldavo había comenzado a asaltar las tierras fronterizas de Vlad a principios de ese año, incluso antes de la campaña de Mehmed. Teniendo en cuenta la amistad y la alianza entre los dos gobernantes (tanto antes como después de 1462), esta acción por parte de Esteban podría parecer confusa al principio hasta que hablemos más de la ciudad de Chilia.

Como puerto importante, había estado en manos de los valacos (o más bien de los húngaros a través de un apoderado valaco) desde 1448. Esteban vio la oportunidad de recuperarla en el verano de 1462, cuando fue guarnecida por una mezcla de tropas húngaras y valacas. Pero para ello necesitaba encontrar el momento adecuado, así que agitó a Vlad para que dividiera su atención entre las tropas moldavas y los turcos que se acercaban. Una vez que los turcos regresaron de las tierras de Valaquia, el príncipe moldavo sitió la ciudad.

No es imposible pensar que Esteban logró convencer a los otomanos de que eran aliados debido a sus acciones contra Vlad, e incluso historiadores contemporáneos como Chalkokondyles y Tursun Bey, el propio secretario de Mehmed, afirman que Esteban había sido leal al sultán. Sin embargo, el asedio a esta ciudad fue un fracaso para los atacantes. Los otomanos no solo sufrirían una nueva derrota a manos de los valacos, sino que el propio Esteban fue herido en el tobillo izquierdo, una lesión que nunca se curó adecuadamente y que fue la causa principal de la infección por gangrena que mató al príncipe moldavo en 1504.

El propio Vlad también había comenzado a avanzar hacia Chilia, dejando unos 6.000 soldados para defender el reino de los otomanos, cosa que no consiguieron. No mucho después, otro pretendiente al trono apareció en la llanura de Bărăgan, una vasta zona muy cercana a Târgoviște y una tierra fértil que albergaba algunas de las mayores ciudades de Valaquia en aquella época. Durante su campaña, Mehmed II había llevado consigo a un sirviente familiar que era su favorito en todos los sentidos. Al llegar a Valaquia, Radu el Hermoso comenzó a hacer una dura campaña para conseguir que el mayor número de boyardos le aceptaran como gobernante y evitar más ataques otomanos. En pocos meses, los dos hermanos se enfrentaron en batalla varias veces, y casi todas esas batallas fueron ganadas por Vlad. Sin embargo, cada vez más boyardos comenzaron a desertar hacia Radu, y las fuerzas otomanas no dejaron de avanzar, dejando a Vlad sin apenas aliados en sus momentos cruciales.

Los historiadores de la Rumanía de mediados del siglo XX afirmaban casi exclusivamente que Vlad no había hecho más que ganar contra los otomanos y que su exclusión del trono se debía únicamente a los traidores entre los boyardos. Por supuesto, una visión más matizada sugiere que hubo una miríada de razones. Si bien es cierto que hubo boyardos que desertaron a favor de Radu, el número de traidores potenciales había disminuido mucho mientras Vlad estaba en el poder, gracias en gran medida a su forma brutal de tratar a los que se oponían a él.

Destronamiento y captura de Vlad el Empalador

Los ejércitos de Esteban el Grande eran ahora un enemigo. Los otomanos no frenaron su marcha. Pueblos y ciudades ardieron por todas partes. Radu se había convertido en la voz de un importante número de boyardos traidores. Todos esos elementos juntos estaban conduciendo lenta pero seguramente a la caída de Vlad a finales de 1462. Oportunista como siempre, Vlad se retiró a los Cárpatos, destronándose a sí mismo y dando a Radu todo el poder. El plan del voivoda era reunirse con Matías Corvino y, con la ayuda de los húngaros, restablecer su dominio. Pero la situación era cada vez más sombría. Alberto de Istenmező, un conde szekler de la época, declaró que los sajones de Transilvania iban a cambiar su lealtad a Radu y reconocerlo como nuevo voivoda. Además, el joven Dracul también llegó a un acuerdo con los sajones de Braşov, prometiéndoles beneficios financieros y económicos a cambio de su lealtad.

El joven rey húngaro había tenido en cuenta, a primera vista, las peticiones de ayuda de Vlad, ya que se encontraba en Transilvania en noviembre de 1462. Sin embargo, la postura de Esteban el Grande respecto a la guerra contra los turcos no cambió desde principios de ese año, ya que simplemente no contaba con la mano de obra ni el dinero para financiar la empresa. Al parecer, los dos gobernantes negociaron durante semanas antes de la reunión, pero a juzgar por lo que ocurrió (y por los documentos que salieron a la luz más tarde), podemos suponer con seguridad que Corvino no tenía ninguna intención de ayudar a Vlad. Ordenó a su comandante mercenario, un estratega checo llamado John Jiskra de Brandýs, que capturara a Vlad, cosa que Jiskra hizo cerca de la ciudad de Rucăr. Algunos relatos afirman que fueron los propios compañeros de Vlad los que se rebelaron y lo capturaron en la fortaleza de Piatra Craiului y luego lo entregaron a Jiskra. Otras fuentes afirman que Vlad fue capturado cuando regresaba a Valaquia tras fracasar las negociaciones con el rey húngaro.

Los historiadores desconocen el motivo de la captura de Vlad por parte de Corvino en 1462. Incluso el historiador de la corte de Corvino, el poeta italiano y afamado humanista Antonio Bonfini, afirma no saber por qué el rey capturó al voivoda. Existen tres documentos importantes que se relacionan directamente con este acontecimiento, y que fueron enviados tanto al papa Pío II en Roma como a los venecianos, que en realidad habían enviado algo de dinero para financiar una posible cruzada contra los otomanos durante las hazañas militares de Vlad. Estos documentos son las supuestas cartas que el propio Vlad había escrito. Una de ellas estaba destinada al sultán Mehmed II, la otra a su gran visir Mahmud Pasha y la tercera a Esteban el Grande de Moldavia. Aparentemente, todas contienen la misma premisa básica, con la promesa del voivoda de invadir Hungría si los turcos le ayudaban a mantenerse en el poder.

Tras analizar estas cartas, podemos afirmar con seguridad que son falsas. La datación de las mismas revela que muy probablemente fueron escritas durante el cautiverio de Vlad en la ciudad húngara de Visegrád. Y lo que es más importante, al analizar el estilo y la estructura de las frases, podemos concluir definitivamente que no hay nada del carácter de Vlad, que emana de las cartas que realmente proceden de él. Por lo tanto, estas cartas fueron elaboradas para justificar el encarcelamiento de Vlad ante los aliados católicos del rey Matías del otro lado del Adriático, aunque es posible que nunca sepamos por qué exactamente el voivoda fue capturado en primer lugar.

Capítulo 3 - Los últimos años: Década y media de cautiverio, tercer reinado, muerte

El cautiverio de Vlad en Hungría

A finales de 1462, Vlad fue retenido en "Belgrado", aunque no en la que fue capital de la Serbia medieval, sino en una ciudad de Valaquia (ahora llamada Alba Iulia). Poco después, sin embargo, sería trasladado a Visegrád y permanecería allí durante la mayor parte de los siguientes catorce años

Se sabe muy poco sobre el cautiverio de Vlad en Visegrád, ya que no existen registros fiables que nos digan cómo se comportó o cómo fue tratado, aparte de algunas leyendas sobre cómo supuestamente descuartizó a una mujer y expuso su vientre simplemente para demostrar que no la había embarazado con su hijo bastardo. Sin embargo, basándonos en la poca información que tenemos sobre Drácula de los últimos años de su vida, podemos reconstruir una posible cadena de acontecimientos.

Debido a la profesión de Jiskra, no es improbable pensar que los propios hombres del mercenario fueran los encargados de ser los carceleros de Drácula. Tras su traslado de Alba Iulia a Visegrád, Vlad debió de ser tratado como prisionero durante poco tiempo, el suficiente para que la noticia de su captura y de su naturaleza cruel llegara a la población europea en general. En general, se cree que los incunables originales (plural de incunabulum, que significa "libro", pero que se refiere más específicamente a los panfletos impresos antes de 1501) que contaban la historia de las brutalidades del voivoda se imprimieron en Viena hacia 1463, posiblemente por un individuo llamado Ulrich Han. Y aunque el texto original se ha perdido en el tiempo, al menos cuatro copias diferentes han sobrevivido hasta nuestros días, todas ellas conservadas en diversos lugares de Austria, Suiza, Francia y el Reino Unido. Los panfletos sobre Vlad el Empalador debieron de ser bastante populares en su momento, teniendo en cuenta la cantidad de copias que se hicieron. No se sabe si llegaron a la corte de Buda, aunque los expertos sugieren que el propio rey Matías Corvino debió de conocerlos. Más importante aún es saber si el propio Vlad vio o no los panfletos, pero a juzgar por su carácter general, probablemente no le habría importado su contenido.

Los historiadores debaten si Vlad permaneció en Visegrád o se trasladó a Pest en algún momento. Lo que sí sabemos es que poseía una casa en Pest, lo que implica que, incluso en cautiverio, podía tener propiedades dentro de las fronteras del reino de Corvino. Si aplicamos esta suposición a una escala mayor, nos damos cuenta de que Vlad no era un simple prisionero. De hecho, probablemente era tratado más bien como un noble de alto rango y un "invitado de honor", aunque obviamente menos pomposo. También compraría una casa en Pécs, una vivienda que actualmente se conoce como la *Drakula háza* ("la casa de Drácula"). Su viuda, Jusztina Szilágyi, acabaría heredando esta casa tras la muerte del voivoda.

En el verano de 1475, tras seis largos meses de rechazar a los turcos en la batalla de Vaslui y destronar a Radu el Hermoso, pero poco después de ayudar a colocar al pretendiente Basarab Laiotă en el trono de Valaquia por cuarta vez, Esteban el Grande de Moldavia escribió al rey húngaro, instándole a liberar a Vlad y reconocerlo como legítimo gobernante de su tierra natal. Y aunque el rey Matías liberó a Vlad ese año (que fue el mismo en el que Vlad se casaría con Jusztina y aparentemente se convertiría al catolicismo), no proporcionó al voivoda ninguna tropa contra los turcos invasores y el traidor Basarab, que en ese momento estaba aliado con el sultán Mehmed II contra las fuerzas moldavas. Es este periodo, entre finales de 1475 y finales de 1476, el que más información tenemos sobre las hazañas del Empalador, que tuvieron lugar antes de su tercer reinado y su eventual muerte.

Castillo de Visegrád, una xilografía contemporánea durante el reinado de Matías Corvino, 1480[ii]

Las hazañas militares en Bosnia

En algún momento de principios de 1476, posiblemente a finales de enero, el rey Matías ordenó a algunos de sus nobles más fiables que tomaran las armas contra importantes fortalezas de Bosnia y cerca de sus fronteras para expulsar a los otomanos. Tanto Vlad III como el noble serbio Vuk Grgurević (miembro de la Casa de Branković) partieron para ayudar en el asedio de Šabac, hoy una ciudad moderna de Serbia, pero un importante fuerte en aquel entonces. El asedio fue largo y prolongado, posiblemente durante un mes y medio, hasta que los dos nobles expatriados obtuvieron una victoria decisiva con la rendición de los turcos.

Una vez ganada esta guerra, los dos príncipes pasaron a asediar Srebrenica; sin embargo, lo hicieron utilizando tácticas totalmente diferentes. Enviaron un total de 150 hombres disfrazados de turcos a la ciudad para que pudieran entremezclarse. Vlad y Vuk, junto con el grueso del ejército, que contaba con unos 2.000 hombres, viajaron de noche para no ser descubiertos. En cuestión de días, se hicieron con el control de la ciudad, tanto desde fuera como desde dentro, saqueando y expoliando todo a su paso.

Su siguiente gran campaña fue en la ciudad de Kušlat, que fue de nuevo ganada por las fuerzas cristianas. La cuarta y última victoria, sin embargo, tendría un coste. Mientras asediaba Zvornik, Vuk Grgurević sufrió una terrible herida en el pie durante la batalla. Pero los historiadores de la época pintan un cuadro mucho más espantoso al hablar de Drácula. Según sus palabras, agarraba a los otomanos rendidos con sus propias manos y los desgarraba, carne, piel y tendones. Luego procedía a hacer lo que evidentemente hacía mejor, que era empalarlos en estacas y dejarlos a la vista de todos. Al igual que en Târgoviște una década antes, los otomanos que llegaban a la ciudad se horrorizaban al verlo.

Los conflictos moldavo-turcos de agosto de 1476 y la reconquista de Valaquia

Con esta serie de éxitos, era solo cuestión de tiempo que Vlad y Vuk Grgurević pasaran a ayudar a Esteban el Grande a expulsar a los otomanos de su país. Al parecer, también se les unió un miembro de la casa serbia de Jakšić, aunque su nombre se desconoce y se supone que es Demetar. Esteban perdió la crucial batalla de Valea Albă en julio y se vio obligado a retirarse. Sin embargo, esta fue una victoria pírrica para los otomanos, ya que no pudieron capturar ninguna de las importantes fortalezas moldavas, habían sufrido hambre y estaban muy agotados por los constantes ataques de guerrilla a pequeña escala de los moldavos locales. Además, se produjo un brote de peste que dificultó enormemente el avance de los turcos.

En agosto de 1476, Vlad III y los dos nobles serbios se adentraron en Transilvania, uniendo fuerzas con el voivoda transilvano contemporáneo Esteban V Báthory y su ejército de 30.000 hombres. Las fuerzas cristianas consiguieron detener el asedio turco a la fortaleza de Târgu Neamț y obligar a los otomanos a huir. Poco después, el rey húngaro dio una orden a los sajones de Transilvania. Debían apoyar el plan de Báthory de invadir Valaquia en septiembre, y así fue, liberando varias ciudades clave durante su campaña. Apenas un mes después, Vlad el Empalador estaba en Brașov, restableciendo los antiguos privilegios comerciales a los mercaderes locales. Aunque los sajones de Brașov aún no eran del todo leales a Vlad, empezaron a apoyarlo abiertamente frente a Basarab Laiotă ya en las primeras escaramuzas entre Moldavia y Valaquia.

Tercer Reinado y Muerte

El mes de noviembre sería el glorioso regreso del Empalador al trono. Durante su campaña, Báthory liberó la antigua capital de Vlad, Târgovişte, alrededor del 8 de noviembre. El propio Vlad estuvo en esa batalla, al parecer derrotando a Laiotă y causando más de 10.000 bajas durante el asedio. Ocho días después, la capital de Laiotă, Bucarest, también cayó, y el voivoda, que había sido destronado por cuarta (aunque no última) vez, huyó a los otomanos, buscando protección. Vlad y Esteban el Grande entraron ceremoniosamente en la capital, posiblemente recibidos por los mismos boyardos desleales que, en algún momento, habían traicionado a casi todos los gobernantes hasta el regreso de Vlad.

Con la victoria de Vlad, era el momento oportuno para honrar su palabra con los sajones de Braşov, por lo que el voivoda les hizo llegar la noticia de su victoria, instándoles a volver a entrar en Valaquia y reanudar su comercio. Exactamente diez días después, el 26 de noviembre, Vlad III Drácula fue coronado de nuevo como voivoda de Valaquia.

Sin embargo, este dominio sobre su país no duraría más allá de fin de año. Prudentemente, Vlad pidió a Esteban que dejara un contingente de guardias leales para salvaguardarlo. El motivo de esta decisión fue, como solía ocurrir en la Valaquia medieval, la desconfianza inherente del gobernante hacia sus boyardos. Al fin y al cabo, esos mismos boyardos habían apoyado hasta hace poco a Basarab, y no mucho antes respondían ante el propio hermano de Vlad y simpatizante otomano Radu el Hermoso. Esteban comprendió bien la situación, dejando a Drácula con 200 de sus propios guardias. En diciembre, Laiotă trataría de invadir Valaquia una vez más, esta vez con un considerable ejército turco apoyándole. Aunque los relatos difieren mucho en cuanto a los detalles, podemos decir con seguridad que Drácula murió luchando, causando grandes pérdidas a la fuerza invasora, pero perdiendo a los 200 de sus leales guardias en el proceso. Tras su muerte, fue decapitado y su cabeza fue disecada y enviada a Mehmed II en Estambul. Al parecer, se paseó durante días por la ciudad para celebrar la derrota final del voivoda. Esteban el Grande recibió la noticia del fallecimiento de su aliado en enero de 1477, mientras que la corte real de Matías Corvino se enteró un mes después. Décadas después, Tursun Bey escribiría sobre la muerte del voivoda, llamándolo *Kazıklı Voyvoda,* que se traduce literalmente como "señor empalador". El sobrenombre era lo suficientemente descriptivo y preciso como para que se mantuviera, hasta el punto de que incluso los gobernantes posteriores de Valaquia se referirían a Vlad con este nuevo título. Por lo tanto, Vlad III nunca fue llamado "Empalador" en vida.

Vlad III Drácula fue definitivamente enterrado en un monasterio, como era costumbre de los gobernantes cristianos ortodoxos orientales en los Balcanes. Sin embargo, los historiadores siguen debatiendo sobre el lugar de su descanso final. El candidato más probable es el monasterio de Snagov, ya que se cree que también contiene los restos de anteriores monarcas de la línea de Drăculești, incluidos su propio padre y su hermano mayor. Sin embargo, otros expertos afirman que es más probable que Drácula haya sido enterrado en el Monasterio de Comana, ya que él lo había fundado y construido. Se encontró un cadáver sin cabeza enterrado cerca del monasterio, lo que sugiere no solo que se trataba de los restos de Vlad, sino también que había exhalado su último aliento aquí durante la batalla.

Capítulo 4 - Difusión de la historia: Mitos sobre Drácula y su imagen pública, retratos y representaciones

Incluso en vida, Vlad el Empalador dio que hablar en muchas cortes europeas. Es cierto que no recibió el sobrenombre de "Empalador" hasta después de su muerte, pero, aunque su nombre y su título no eran tan ominosos, sus acciones sí lo eran.

Desde el principio de su gobierno, surgieron diferentes leyendas por todo el mundo medieval. Teniendo en cuenta sus tensas relaciones con algunas naciones (y sus relaciones algo amistosas con otras), es lógico que los estereotipos negativos que se suelen asociar a Vlad III procedan casi exclusivamente de fuentes muy sesgadas. Por ejemplo, los sajones que consiguieron huir de Transilvania y evitar el campo de influencia directo de Drácula, asentándose a menudo en otras zonas germánicas como la Monarquía de los Habsburgo (precursora de la actual Austria), comenzaron a imprimir diversos panfletos que relataban las supuestas crueldades del gobernante valaco. Por otro lado, las fuentes eslavas y valacas presentan a Vlad como un gobernante prudente y proactivo que se hizo cargo de la situación e hizo lo necesario. Naturalmente, ambos bandos imprimían esencialmente propaganda que iba en un sentido o en otro, y la mayoría de las veces equivalía a "literatura popular". De hecho, se puede afirmar que los incunables fueron reimpresos por los sajones en Viena y otras ciudades germánicas una y otra vez debido a su popularidad. Al fin y al cabo, al hombre medieval le gustaban los escándalos políticos, y pocos pueden ser tan interesantes como los relatos de un hombre que empala a sus prisioneros y los tortura de las peores maneras posibles.

Pero ¿cuánto hay de cierto en ellas? Bueno, curiosamente, incluso las fuentes eslavas, como el famoso *Skazanie* o *Drakule voivode* ("La historia del voivoda Drácula"), que suelen ser más indulgentes con el voivoda, enumeran algunas de sus crueles acciones. Por supuesto, estas fuentes, ya sean de propaganda positiva o negativa, son de total confianza. Sin embargo, podemos examinar los elementos básicos de cada fuente contemporánea y elaborar algunas teorías plausibles.

Tomemos como ejemplo el empalamiento. Casi todas las fuentes propagandísticas mencionan que Vlad aplicaba este tipo de castigo en la práctica. Algunas afirman que lo hacía con los cuerpos colgados boca abajo o boca arriba, otras mencionan empalamientos masivos, y otras hablan de la forma en que se introducía la estaca en el cuerpo (o el cuerpo se clavaba en la estaca), etc. Por supuesto, no podemos tomar el número de víctimas que dan los autores antiguos como un evangelio, ya que, la mayoría de las veces, incluso los escritores medievales más eruditos exageran las cifras. Entonces, ¿cómo lo hacemos? Pues bien, como todas las fuentes mencionan que utilizaba el empalamiento como castigo, podemos suponer con seguridad que lo hacía regularmente. También sabemos a ciencia cierta que los otomanos llevaban siglos utilizando este método de ejecución antes de invadir los Balcanes, y no fueron ni mucho menos los primeros en hacerlo. Por lo tanto, aunque reduzcamos el número de víctimas y nos decidamos por el método más destacado, podemos afirmar, sin lugar a dudas, que Vlad empalaba a sus adversarios. Con ese conocimiento, el sobrenombre de "Empalador" sigue considerándose un hecho histórico, así como una representación correcta del hombre.

A continuación, debemos hablar de su aspecto. Dentro de un rato hablaremos de la imagen o imágenes específicas de Drácula, pero tenemos que encontrar un punto intermedio sólido, al igual que en nuestra evaluación sobre su propensión a empalar. Sabemos por algunas de las pinturas que quedan de la época el aspecto de Drácula. En otras palabras, hay un retrato realista del hombre que podemos señalar y decir: "Ese, ahí, es Vlad III". Sin embargo, solo podemos estar completamente seguros de nuestra valoración cuando observamos los incunables sajones mencionados anteriormente. Contienen imágenes estilizadas de Drácula en su día a día, y son bastante animadas en cuanto a movimientos y gestos. Y si nos basamos en el aspecto de Vlad en algunos de estos incunables, sin duda coincide con los retratos realistas antes mencionados, destacados en la Baja Edad Media y el Renacimiento temprano.

Drácula, como la mayoría de las figuras históricas de esa época (y un gran número de otras figuras históricas de milenios enteros antes del nacimiento de Vlad), se menciona en muy pocos documentos contemporáneos de manera que nos permita vislumbrar su carácter. Por eso los historiadores e investigadores han profundizado en las numerosas leyendas y mitos atribuidos al voivoda. Como hemos visto, estas fuentes no tienen por qué ser ciertas al cien por cien, pero nos dan una buena idea de la imagen general de Vlad III. Pero el valor de estos mitos va más allá de la evaluación de la exactitud histórica. También son espléndidas obras de ficción, relatos que tienen sus propios significados y moralejas, y, en cierto modo, pintan un buen cuadro de lo que debió ser la vida de Valaquia (y del sur de Europa) cuando Vlad tomó el poder.

Mitos sobre Vlad III

A lo largo de los siglos, han surgido muchas historias sobre el comportamiento brutal de Vlad y sus hábitos sanguinarios. La mayoría de los lectores occidentales nunca han oído hablar de estas leyendas, lo cual es un poco decepcionante porque pueden rivalizar con la novela de Bram Stoker en lo que respecta a crueldad y sangre. En este capítulo se exponen algunas de estas leyendas, contadas sin ningún orden particular, cronológico o de otro tipo. La mayoría de ellas proceden de historiadores aficionados contemporáneos o de folletos sajones impresos algunos años después de la deposición y eventual muerte de Vlad. También es instructivo observar que algunos de estos relatos presentan diversas variaciones según el lugar en el que se registraron y por quién. Además, esta lista no es ni mucho menos exhaustiva de leyendas e historias sobre Vlad III. Por ejemplo, no se incluye ningún relato procedente del folclore rural rumano, ya que son demasiados y, con toda probabilidad, se elaboraron mucho después de la muerte del voivoda.

La Pascua sangrienta

Era el 25 de marzo de 1459, domingo de Pascua. Matías Corvino se había involucrado más en sus deberes reales, los turcos estaban inquietos y había mucha conmoción en Valaquia y sus alrededores. Vlad tenía muchos problemas con los que lidiar: los sajones de Transilvania querían quedarse con las tierras de Amlaş y Făgăraş, la tierra ancestral de los Basarab, y el joven rey húngaro quería que los valacos hicieran las paces con los sajones. Por supuesto, Vlad sabía lo que ocurre cuando el rey húngaro no apoya a tu bando y aboga por el beneficio de tus enemigos. Lo sabía bien, teniendo en cuenta cuántos príncipes y voivodas le precedieron.

Fue en esta fatídica Pascua cuando convocó a todos sus boyardos y otros miembros de la nobleza para una comida. Aparecieron casi 500 de ellos. Algunos eran viejos como robles, otros apenas tenían quince años. Tres eran boyardos que reconoció, aunque muchos más eran seguramente desconocidos para él. Incluso había algunos boyardos que deseaba no conocer. Pero todos estaban allí, y cenaron en reverencia a la resurrección de Cristo.

Muy pronto, la comida estaba terminada, los estómagos estaban llenos. Los boyardos disfrutaban de un poco de descanso en la comida. Siempre atento, Vlad se dirigió a uno de los señores más antiguos de la fortaleza–. Dime –le preguntó al anciano–, ¿cuántos señores y voivodas recuerdas que hayan gobernado esta tierra antes que yo? –El señor respondió. Entonces Vlad se dirigió a un señor más joven y le hizo la misma pregunta. Y el joven boyardo dio su respuesta. De nuevo, Vlad se dirigió al siguiente señor, y su respuesta fue la siguiente. Uno a uno, Vlad les hizo la misma pregunta, y las respuestas variaron mucho. Algunos señores dijeron–: Unos treinta, mi señor –Otros contestaron–: Creo que doce, mi señor –Algunos decían diez, doce o veinte, mientras que otros llegaban hasta los treinta, cuarenta e incluso cincuenta. Ni uno solo de los jóvenes señores pronunció un número inferior a siete.

Satisfecho con sus respuestas, Vlad se levantó de su asiento y dio una orden a su guardia real. En pocos minutos, cientos de gritos llenaron la sala cuando los guardias comenzaron a arrastrar a los boyardos. Uno a uno, los señores y nobles que habían cenado en la mesa de Drácula morían ahora, empalados en estacas y desangrándose profusamente hasta morir. No era diferente a un dosel de cadáveres frente al palacio real. Muchos murieron ese día, pero muchos más se enteraron de que Vlad no veía con buenos ojos los frecuentes cambios de los voivodas. De hecho, pretendía mantener su puesto el mayor tiempo posible, por cualquier medio.

La muerte de Dan III

Dan III era un pretendiente al trono de Drácula. Vivía en Braşov y disfrutaba de la hospitalidad de los burgueses sajones locales, estableciéndose como el anti voivoda del Empalador. El año 1459 estaba llegando a su fin, y Vlad ya había alcanzado la reputación de ser un gobernante despiadado, pero eficaz. Pero Dan no tenía miedo. Tenía el respaldo de la Dieta húngara y del propio rey. Y así, se dedicó a gobernar Braşov, emitiendo una carta aquí, un edicto allá. Aunque se autodenominaba señor de Amlaş y Făgăraş, sus ambiciones iban más allá. Quería ser uno más en la larga línea de príncipes cambiantes que ocupaban el trono de Valaquia. Y para ello, tendría que pasar por Vlad.

Era invierno, y Dan III había logrado reunir a los sajones. Pero, de nuevo, no necesitaban mucho para reunirse. Hacía poco tiempo que se había prohibido a sus mercaderes comerciar en la mayor parte del territorio de Valaquia, y los impuestos procedentes del voivoda eran terribles. Además, la información sobre su legendario comportamiento brutal había llegado a ellos apenas unos meses antes. Dan conocía bien esta información y, lo que es más importante, sabía cómo utilizarla. Después de todo, ¿a quién apoyarían los sajones? ¿A un hombre que no era leal a la Corona de Hungría ni al Sultán de Constantinopla? ¿O al hombre que se oponía abiertamente a este tirano y, lo que es más importante, trataba a los sajones con admiración y respeto? Los boyardos locales tenían una sola opinión: Vlad tenía que irse.

Pero Vlad no cedió. El ejército del pretendiente cruzó la frontera durante la Semana Santa del 13 de abril de 1460 y entró en guerra con Vlad, una guerra que Dan perdió de la forma más humillante posible. Todos los soldados de Dan fueron capturados y ejecutados el 22 de abril del mismo año, apenas nueve días después de iniciada la incursión. Algunos incluso informaron de que Vlad había ordenado que las mujeres sajonas y otras mujeres simpatizantes de la causa de Dan III fueran también empaladas en estacas. De manera horrible, los bebés y niños de estas mujeres también fueron asesinados y cosidos a los pechos de las mujeres muertas. Un espectáculo verdaderamente espantoso, sin duda.

Pero la mayor humillación fue para el propio Dan. Después de ser capturado y encarcelado, fue sacado de su calabozo y llevado ante los verdugos. El propio Vlad estaba allí, al igual que los sacerdotes y algunos de los boyardos leales. Pero lo más inquietante es que había una tumba. Una tumba con una lápida. Y llevaba el nombre de Dan. El pretendiente fue colocado rápidamente junto a la tumba, de rodillas, probablemente demasiado aturdido para moverse. Vlad ordenó a los sacerdotes que leyeran un servicio fúnebre para el "difunto" pretendiente a voivoda mientras algunos hombres libres cavaban un agujero del tamaño de un hombre frente al monumento. El único respiro que pudo tener Dan fue su desconocimiento del eslavo eclesiástico, la lengua que utilizaban los sacerdotes al recitar sus morbosas líneas. Pero Dan no tuvo que esperar mucho. Cuando el servicio terminó y los sacerdotes pronunciaron sus últimos versos, Vlad mandó matar a Dan en el acto, por decapitación. Si lo hizo él mismo o no, no lo sabemos. Pero sí que asestó a Dan y a todos los demás futuros pretendientes al trono un golpe demoledor con un mensaje claro: cualquiera que intentara hacerse con su trono por medios poco respetables encontraría la muerte.

La Copa de Oro

Târgovişte, la primera capital de Vlad, era bastante grande, con cerca de 60.000 habitantes. Había sido revuelta durante los reinados de los anteriores gobernantes de Valaquia, incluidos el padre homónimo de Vlad y su hermano mayor Mircea. Los inquietos y volubles boyardos eran una de las razones, pero la gente común no era mejor. Los robos y asaltos eran habituales en la capital, ya que contaba con un asombroso número de habitantes pobres que tenían que robar para sobrevivir, pero también había ladrones oportunistas que conseguían salirse con la suya en demasiadas ocasiones. Pero cuando Vlad llegó al poder, casi todos los delincuentes del país empezaron a recibir castigos brutales por sus actos. La gente no podía creer algunas de las historias que los mercaderes y viajeros contaban tras pasar por la tierra del voivoda. Dos historias, en particular, destacaban.

Según el primer relato, un viajero o mercader había entrado en Târgovişte y necesitaba una habitación en una posada para pasar la noche. Sin embargo, llevaba consigo grandes sumas de dinero, que comprensiblemente quería depositar en algún lugar seguro. Sin embargo, el posadero y los lugareños se limitaron a decirle que guardara el dinero fuera con su caballo, al aire libre. El viajero se quedó atónito y, en contra de su buen juicio, hizo caso a la gente y dejó las bolsas con su caballo. A la mañana siguiente, esperando despertarse sin un céntimo, el viajero se sorprendió al ver las bolsas intactas, sin que faltara ni una sola moneda.

La otra historia se refiere a una copa de oro. Este magnífico plato fue colocado por Vlad en el centro de la plaza de Târgovişte. Según su decreto, todo el mundo podía beber agua de esta valiosa copa. Sin embargo, si una persona intentaba llevarse la copa, se enfrentaría a un severo castigo. Vlad gobernó Valaquia durante seis años, y durante esos seis años, ni una sola alma en su capital de 60.000 habitantes tomó la copa.

Así que, ya sea el oro de un extranjero o una copa para las masas, estaba a salvo en las calles de Vlad. La gente recordaba los primeros días de su gobierno, cuando los ladrones aún robaban a los débiles y a los impotentes. Pero gracias a la inusual y perturbadora práctica de Vlad de empalar, los ladrones se lo pensaron mejor antes de acosar a personas con bolsillos potencialmente profundos.

Una comida abundante

La reputación de Vlad ya había empezado a precederle. El rey de Hungría conocía su reputación, por lo que envió un total de 55 embajadores a la corte de Drácula. El voivoda los recibió bastante bien, dándoles alojamiento para la noche, así como comida y entretenimiento. Sin embargo, había ordenado que se colocaran estacas, erguidas, delante de las habitaciones de cada embajador.

Como es natural, se asustaron de este hecho, por lo que preguntaron al monarca por qué lo había hecho. Él se limitó a decir que era por su propia seguridad, que temía la traición. Mientras se encontraban en su corte, el voivoda invadió la región de Bârsa. Procedió a destruirlo todo: las cabañas de los pueblos, las fortalezas, los campos llenos de trigo y centeno, el grano almacenado, todo ardió en llamas. Sus hombres capturaron a los habitantes de la ciudad sajona de Braşov, lo que permitió al temido príncipe adentrarse en la ciudad hasta la capilla de San Jacobo. Antes de llegar, dio órdenes de quemar los suburbios de la ciudad, lo que hicieron sus hombres, permitiendo que el humo y las cenizas dieran la bienvenida al gobernante a la ciudad.

Pero el monarca valaco no descansó. A la mañana siguiente, ordenó que los prisioneros fueran llevados al exterior. Todos y cada uno de los prisioneros fueron alineados al pie de la montaña donde descansaba la iglesia de San Jacobo. Los prisioneros eran muchos y variados: ancianos y mujeres por igual, jóvenes de no más de cinco años, hombres y mujeres de todas las estaturas y posiciones; todos ellos eran ahora sus prisioneros. Por supuesto, como era su costumbre, Vlad ordenó una ejecución masiva por empalamiento. Cada uno de los prisioneros fue a parar a la hoguera, y pronto estuvieron todos muertos, alineados al pie de la montaña y rodeando la capilla. Complacido con este sombrío estado de los acontecimientos, Drácula se acercó a una mesa puesta, llena de comida. Se sentó, cogió un plato y disfrutó de cada bocado con el espectáculo grisáceo ante él.

Pero ni siquiera esto satisfizo al voivoda. El día de San Bartolomé, dio la orden de quemar dos iglesias, entre ellas la de San Bartolomé en el pueblo de Codlea. Su capitán fue enviado a realizar esta tarea, pero los lugareños se rebelaron y se resistieron a la quema. El capitán, con el rabo entre las piernas, regresó a Vlad y le dijo que había fracasado. El voivoda, que no toleraba bien los fracasos, mandó empalar al capitán en el acto.

"El bosque de los cadáveres", xilografía sajona que representa a Drácula comiendo mientras observa la tortura y el empalamiento de sus enemigos, de la portada del incunable publicado por Markus Ayrer, Nuremberg, 1499[iii]

Discutiendo las apuestas

Benito de Boythor era un embajador polaco al servicio de Matías Corvino, rey de Hungría. Fue enviado a Valaquia para tratar con el voivoda de turno el asunto del arreglo de las agresiones pasadas con los sajones de Transilvania. El rey necesitaba que sus importantes súbditos se llevaran bien, lo que no era tarea fácil, teniendo en cuenta que los sajones y los valacos llevaban años, si no décadas, de disputas. El embajador llegó a la fortaleza de Drácula, y ambos se sentaron a cenar. En un momento dado, Vlad ordenó que el embajador permaneciera sentado mientras el criado del voivoda corría a traer algo. Los cadáveres esparcidos por la habitación ya habían inquietado mucho al polaco, pero este mantuvo la calma. Momentos después, el criado colocó una enorme estaca capada sobre la mesa, justo al lado de un Drácula serio e impasible.

—Dígame, embajador —habló finalmente el hijo de Drácula—, ¿por qué cree que he colocado esta estaca sobre la mesa en este momento?

Con un miedo atroz, pero manteniendo la compostura, el embajador respondió—: Me parece, su gracia, que un hombre de cierta nobleza ha cometido un gran crimen a sus ojos. Como tal, queréis castigarlo con una muerte más honorable que la que podría merecer cualquier plebeyo.

Todavía tan severo como una roca, el autócrata valaco continuó—: En efecto, tenéis razón. Eres un embajador real de un gran y poderoso rey. Por eso, he hecho esta apuesta por ti.

Más sabio que la mayoría, Benedicto replicó—: Mi señor, si me consideráis como alguien que ha cometido un gran crimen contra vos, haced lo que consideréis justo. Sois un juez imparcial, y si muero, no seréis el culpable. La culpa es mía y solo mía.

Pasaron uno o dos momentos de silencio. Pronto, Vlad se echó a reír y retiró lentamente la estaca. Casi inmediatamente, ordenó que el siervo polaco del rey Matías fuera colmado de regalos, riquezas y otras galas—. Si no hubierais utilizado esas palabras, mi buen señor —dijo Drácula—, habríais acabado muerto sobre esta estaca. En efecto, sois apto para ser embajador de los grandes gobernantes, pues habéis perfeccionado el arte de hablar con ellos. Sin embargo, otros embajadores no deberían atreverse a hacerlo, no hasta que hayan aprendido el arte de hablar con la realeza como tú.

Un cautivo de mala reputación

Al caer del poder, Vlad, el hijo de Dracul, había sido prisionero de la Corona húngara. Pero a pesar de ser un prisionero, era tratado más bien como un invitado de honor, alguien que podía pasearse libremente por la finca, que podía conversar con barones y señores, y que podía saborear las mejores cosas de la vida. Pero con los hombres de mala reputación, los rumores tienden a aumentar. Algunos afirmaban que el antiguo voivoda había violado a una muchacha y la había dejado embarazada. Al propio Vlad no le gustaba este rumor, así que se propuso demostrar que sus acusadores estaban equivocados de la forma más directa posible. Utilizando una daga, abrió a la pobre chica ante los ojos de los espectadores, mostrando momentos después su vientre abierto y declarando que, claramente, no había ningún niño dentro.

Construyendo un castillo

Poco después de recuperar el poder en 1456, Vlad quiso vengarse de los boyardos que supuestamente habían participado en la expulsión y el asesinato de su padre y su hermano mayor. Invitó a estos señores y damas, así como a su familia, a cenar una noche, posiblemente el domingo de Pascua. Después de que los invitados se saciaran, Vlad ordenó su rápida captura. Pero no los ejecutó inmediatamente. En cambio, los hizo marchar muchos kilómetros hasta llegar al casi arruinado castillo de Poenari. Vlad vio la importancia estratégica de esta fortaleza, por lo que hizo que todos los prisioneros trabajaran día y noche hasta repararla por completo. Todos, desde el hombre más viejo hasta el más joven, desde el hombre más sano hasta la mujer más frágil, tuvieron que trabajar en la reconstrucción de Poenari, y muchos de ellos murieron en el intento.

Los turbantes

En un momento dado, una delegación del sultán vino a visitar a Vlad. Durante años, Vlad había impedido que los turcos capturaran su tierra y la convirtieran en una provincia otomana. Les pagaba tributos, pero les negaba otras mercancías, como jóvenes y niños para su ejército. La delegación que llegó quería presentar sus respetos al voivoda de Valaquia, pero Vlad tenía curiosidad por saber por qué no se quitaban los turbantes. Los soldados musulmanes respondieron que era su costumbre que el turbante permaneciera siempre en la cabeza. De hecho, ni siquiera se lo quitaban al propio sultán. Vlad consideró oportuno hacer que los turcos cumplieran su palabra, así que hizo que sus soldados clavaran los turbantes en las cabezas de los turcos.

Vlad y los sacerdotes

Aunque era un hombre religioso, Vlad no toleraba a los sacerdotes que no coincidían con él. Existen dos historias que hablan de su trato con los hombres de la iglesia.

Una vez, dos sacerdotes llegaron de una tierra lejana. El hijo de Drácula los invitó a su casa, dispuesto a conversar con ellos. Hizo una simple pregunta al primer sacerdote—: ¿Qué dice la gente de mí?

Temiendo por su vida, el primer sacerdote murmuró que el pueblo no tenía más que palabras de gracia para el voivoda—. Piensan que es noble y justo —dijo el sacerdote, añadiendo que él también decía lo mismo del monarca. Vlad le dejó marchar, pero no permitió que el sacerdote se alejara demasiado. A continuación, hizo la misma pregunta al otro sacerdote.

—Todos tenemos que morir algún día —comenzó el otro sacerdote—, así que diré la verdad. El pueblo te desprecia. Para ellos, eres el peor tirano que ha pisado la tierra, y has cometido innumerables atrocidades que ni siquiera puedo contar. Sé que esto es cierto, porque he hablado con el pueblo sobre ti, y no me han dicho ninguna mentira.

Drácula liberó a este sacerdote, pues decía la verdad. Cuando se le volvió a hacer la misma pregunta al otro sacerdote, este se limitó a repetir lo que acababa de decir el sacerdote liberado. Vlad hizo empalar al monje por haberle mentido al principio.

En otra ocasión, algunos sacerdotes de Gornji Grad (un convento católico en la actual Eslovenia) buscaron refugio en Târgovişte. Estaban bien informados de los manejos de Vlad, pero solo un sacerdote, el hermano Hans, tuvo el valor de enfrentarse al voivoda—. ¡Tirano, asesino, déspota absoluto! —gritó el sacerdote—. ¿Qué tan vil eres para matar inocentes? ¿Qué han hecho las mujeres embarazadas para merecer ser mutiladas y empaladas así? ¿O qué hay de los niños? Algunos solo tenían tres años. Otros ni siquiera tenían tres horas de vida. Sin embargo, los empaláis a todos, sanos y enfermos, jóvenes y viejos, culpables e inocentes. Dime, ¿por qué matar a los que no han cometido ningún crimen? ¿Por qué mujeres y niños?

Drácula, por supuesto, tenía una respuesta lista—. Si hay que limpiar la tierra para arar, hay que hacerlo bien y a fondo. No solo debes eliminar los tallos de las malas hierbas y las espinas, sino también las raíces. Porque, verás, si se dejas las raíces, entonces crecerá otra hierba peligrosa, más fuerte que antes. Por eso, tengo que eliminar a mis adversarios antes de que crezcan. Estos niños son esos adversarios.

Para "honrar" al hermano Hans por su insulto, Vlad lo empaló personalmente. Además, no utilizó el método probado de introducir la estaca por la cavidad anal. En su lugar, introdujo la afilada estaca directamente en la frente del Hermano Hans. Su cabeza estaba ahora en el fondo, con los pies en el aire, y así colgaba de esa estaca boca abajo, aterrorizando tanto a los demás monjes que algunos de ellos huyeron, sobreviviendo apenas para contarlo.

Saqueo de las tierras búlgaras

Vlad se dirigió con su ejército a Nicópolis en 1462. El voivoda acabó con los judíos, cristianos y paganos de la zona, masacrando a más de 5.000 personas, sin contar a los que ardieron en las hogueras. Algunos de sus soldados perdonaron la vida a docenas de doncellas y mujeres hermosas, preguntando al voivoda si podían casarse con ellas. Pero Vlad no quiso. Ordenó que todos los soldados y sus mujeres fueran cortados en pedazos con espadas y lanzas, como si se tratara de rebanar una col.

Como estado tributario de los otomanos, Vlad tenía que pagar una suma de dinero anual. Afirmó a los emisarios turcos que traería el tributo personalmente. Los turcos, abrumados, le dieron la bienvenida a Bulgaria, llegando a caballo en pequeños grupos. Una vez que la mayoría de ellos estuvieron allí, Vlad puso en práctica su plan y los hizo masacrar a todos. Fue una tarea fácil, ya que ninguno de los otomanos llegó con armas. Poco después, el voivoda de Valaquia incendiaría Bulgaria hasta los cimientos, cobrándose 25.000 vidas ese día, como mínimo.

Retratos y representaciones artísticas de Vlad III

Vlad el Empalador había sido una especie de celebridad en la Europa medieval tardía. Incluso durante su propia vida, juglares y bardos viajaban por el campo y cantaban sus hazañas en varias cortes reales. Por ello, algunos gobernantes se interesaron por el aspecto de este hombre monstruoso, hasta el punto de pagar un buen dinero para que su retrato colgara en la pared de su castillo.

Existen bastantes retratos de Drácula de la época medieval, pero antes de poder evaluar si coinciden o no con su aspecto histórico, tenemos que averiguar si hubo una descripción del voivoda por parte de un testigo ocular de cuando estaba vivo. Por suerte, hubo una persona con capacidad y proximidad al Empalador que proporcionó una descripción física de él.

Durante el reinado de Vlad, Hungría, al igual que otros países católicos de los Balcanes, mantenía una correspondencia frecuente con el papa, normalmente sobre asuntos de exterior y tratos con los paganos. Como el papa operaba desde Roma, enviaba legados formales a varias cortes europeas, y estos legados actuaban como representantes católicos de la Santa Sede. Uno de estos legados era un obispo croata llamado Nicolás de Modruš. Nicolás era un hombre erudito que conocía bien la escritura glagolítica y los asuntos de la fe, y fue legado papal en varias cortes europeas, sobre todo en la del rey bosnio Esteban Tomašević y en la del rey húngaro Matías Corvino. Teniendo en cuenta que Nicolás vivió hasta 1480 y que fue un elemento básico de la corte durante su servicio a Corvino, tuvo que conocer a Drácula en algún momento de su vida.

Al conocer al voivoda por primera vez, Nicolás quedó tan fascinado como la mayoría de la gente. "No era muy alto", comienza el legado, "pero sí bastante fornido y fuerte, con un aspecto terrible y frío. Tenía una nariz fuerte y aguileña, amplios orificios nasales, un rostro rojizo y delgado sobre el que las pestañas, excepcionalmente largas, enmarcaban sus grandes y abiertos ojos verdes; esos ojos se hacían amenazantes con sus gruesas y tupidas cejas negras. Tanto su cara como su barbilla estaban bien afeitadas, excepto por su notable bigote. Las sienes hinchadas parecían aumentar el volumen de su cabeza. Un cuello grueso como el de un toro conectaba con su cabeza, y de ella colgaban gruesos mechones negros y rizados que caían sobre su ancha espalda".

A partir de esta imagen, podemos ver que Drácula debía ser bastante imponente, a pesar de que algunos de sus rasgos no eran los propios de un gobernante severo y duro. Normalmente, los nobles medievales como el emperador serbio Stefan Dušan el Grande y el general húngaro John Hunyadi eran descritos como hombres altos y galantes. El hecho de que Drácula sea descrito como "no muy alto" y "fornido" invoca la imagen de un hombre corriente más que de un gobernante, y sus rasgos faciales (cejas pobladas y despeinadas, pelo oscuro y grueso, bigote, rasgos hundidos) no hacen, sino apoyar esa imagen. Sin embargo, Nicolás consideró oportuno no solo describir a Vlad con detalle, sino también proporcionar al papa algunas de las primeras historias registradas sobre él y su crueldad en Valaquia (Nicolás lo hizo ya en 1462, el mismo año en que Vlad fue encarcelado por el rey Matías).

Aunque Nicolás no captó todos los detalles del voivoda (como su vestimenta, su postura, etc.), tenemos una descripción básica para profundizar en los numerosos retratos de Vlad. De hecho, se conservan casi una docena de retratos del Empalador de la Edad Media, más que de cualquier otro gobernante de Valaquia. Pero antes de hablar de ellos, tenemos que cubrir las extraordinarias circunstancias que llevaron a su creación.

Cuando las historias del voivoda se extendieron por toda Europa, llegaron a oídos de Fernando II, archiduque de la posterior Austria. Aunque había llegado al poder en 1564, es decir, casi un siglo después de la muerte de Vlad, el archiduque tenía un gran ojo para las artes, como era el caso de un gran número de nobles europeos durante la época del Renacimiento. Como ávido coleccionista, Fernando se instaló en el castillo de Ambras, en Innsbruck, y lo utilizó como lugar de residencia en 1567. Dentro de los muros del castillo, comenzó a coleccionar una gran variedad de artículos, como armaduras y armas, instrumentos musicales, aparatos científicos y objetos preciosos, así como varias pinturas de diferentes artistas, tanto conocidos como anónimos. El castillo sigue en pie, aunque gran parte de la colección tuvo que ser trasladada al Kunsthistorisches Museum de Viena.

Fernando II quería que su colección fuera lo más variada e intrigante posible, por lo que encontramos, entre otras cosas, retratos con un trasfondo insólito y morboso, algo parecido a la exhibición de fenómenos circenses en el lienzo. Cuatro retratos, en particular, destacan en la colección. El primero es el de Petrus Gonsalvus, o más bien Pedro González, un español con una rara enfermedad conocida como hipertricosis. A González le crecía un exceso de pelo en la cara y en todo el cuerpo, lo que le hacía parecer un hombre lobo. Había sido miembro de varias cortes europeas, sobre todo de la de Parma (Italia), donde se casó y se convirtió en miembro de la nobleza. Debido a que el retrato apareció por primera vez en el castillo de Ambras, la enfermedad que conocemos como hipertricosis también lleva el nombre de "síndrome de Ambras"; como apunte, esta enfermedad todavía se da en la actualidad, afectando a no más de cincuenta personas en todo el mundo.

El siguiente retrato notable se asocia a Gregor Baci (aunque no explícitamente), un noble húngaro que había sobrevivido a una herida mortal en la cabeza. El retrato en sí representa a un hombre con una lanza clavada en la cabeza, más concretamente en la cuenca del ojo derecho, con el ojo izquierdo abultado y sangrando de forma antinatural y una pequeña cicatriz en el lado izquierdo de su cuero cabelludo afeitado. Según la leyenda, Baci sobrevivió a una justa y vivió con la lanza en la cuenca durante un año antes de sucumbir a la herida.

El tercero de la lista de retratos es el de un hombre con una evidente discapacidad. En cuanto a los retratos, este tiene una composición increíblemente extraña, ya que muestra a un hombre postrado en el suelo, casi desnudo, salvo por un collar y un sombrero, que parecen caros y hechos para las clases altas. Está mirando directamente al espectador, lo que hace que el cuadro sea aún más inquietante. Cuando un espectador analiza el cuerpo del hombre, puede comprobar que sus brazos y piernas están marchitos y doblados de forma antinatural hasta el punto de ser inútiles. En un principio, el cuadro contenía un papel rojo que cubría el cuerpo, lo que obligaba al espectador a retirar el papel y quedar impactado por la revelación que había debajo. Según algunos críticos e historiadores del arte, el cuadro representa probablemente a un bufón de la corte, ya que no era raro que personas con discapacidades físicas entretuvieran a los monarcas.

Sin embargo, es el cuarto retrato en el que debemos centrarnos, ya que es la representación artística más famosa de nada menos que el propio Vlad el Empalador. Mirando a media distancia y vestido con una mezcla de atuendo valaco y otomano, el voivoda parece tan amenazante como lo describió Nicolás de Modruš. Hay algunas discrepancias, como el hecho de que Vlad sea representado con el pelo algo claro (no es tan oscuro como lo describió Nicolás) y con las cejas bien cuidadas, pero todo lo demás es correcto, desde la nariz de halcón hasta los ojos muy abiertos y el grueso bigote. Cabe destacar que el retrato de Ambras también muestra a Drácula con un labio inferior demasiado grande, lo que parece haber sido un elemento básico de sus retratos de la época.

Hay que tener en cuenta que el retrato de Ambras fue pintado en el siglo XVI, mucho después de la muerte del Empalador. Sin embargo, los historiadores del arte creen que el retrato se basa en una pintura más antigua con solo algunos cambios estilísticos. El retrato de Ambras pretendía mostrar al voivoda como un "psicograma del mal" más que como un simple gobernante. Y teniendo en cuenta la impresión que dejó junto a los otros tres retratos descritos anteriormente, este retrato, realizado décadas después de la muerte del Empalador, es un testimonio de lo infame y fascinante que era para el hombre medieval.

En la pintura medieval y renacentista, el voivoda era un leitmotiv espectacular en las obras de arte que presentaban algún tipo de escena tétrica, generalmente de la Biblia. Las primeras representaciones conocidas que se supone que son las del Empalador, como se ve en el retrato de Ambras, se encontraron ya en 1460, cuando Vlad todavía estaba en el poder en Târgoviște. Una de estas pinturas es el Calvario de Cristo, un fresco en la iglesia de Maria am Gestade de Viena. Un hombre que se parece mucho a Drácula, hasta en sus ropas y tocados, aparece conversando con otra persona. Otro cuadro, titulado *Pilatos juzgando a Jesucristo*, representa a Pilatos como el voivoda de Valaquia, de nuevo hasta en la túnica y el tocado. Este cuadro fue realizado en 1463, un año después del encarcelamiento de Vlad en Visegrád. Pero quizás el ejemplo más famoso se encuentra en el museo Österreichische Galerie Belvedere de Viena, en un cuadro llamado *El martirio de San Andrés*. Curiosamente, Drácula aparece como uno de los espectadores, observando a San Andrés mientras es torturado por otros tres hombres. La apariencia de este enigmático espectador no solo coincide con la de Drácula, sino que su aparente disfrute de la brutal escena coincide con la imagen que los sajones de Transilvania tenían de él ante los vieneses.

Y hablando de los sajones, tenemos que incluir los primeros retratos conocidos que representaban realmente a Drácula en persona y no lo utilizaban como motivo en una representación artística de un acontecimiento bíblico. Todos estos retratos proceden de los incunables impresos a finales del siglo XV, y las primeras copias que se conservan datan de 1488 y 1491. En ambos panfletos, vemos el retrato de Drácula, una vez más mirando a media distancia, con un tocado adornado y un atuendo elaborado. Pero lo más importante es que podemos ver los rasgos faciales del hombre que aterrorizó a tantos sajones en su época, y una vez más, vemos que todo lo que Nicolás de Modruš dijo sobre el voivoda (salvo algunos detalles notables) se ajusta a la descripción perfectamente. Este Vlad tiene el pelo largo, el bigote y los ojos saltones, tal y como lo describe el retrato de Ambras, pero también vemos el rostro hundido, el labio inferior pronunciado y las gruesas cejas pobladas. Incluso en esta forma estilizada, Drácula muestra una presencia imponente y temible al espectador, tanto que un sajón medio leería con gusto cualquier información sobre el hombre.

Una de las últimas representaciones conocidas de Vlad en la época del Renacimiento es del siglo XVII y, hasta la fecha, es la única pintura renacentista que muestra el cuerpo completo del voivoda. Este retrato de tamaño natural, actualmente expuesto en la Galería de los Ancestros de la Casa Húngara de Esterházy, situada en el castillo de Forchtenstein (Austria), muestra a Vlad como un hombre enjuto y algo demacrado, vestido con ropas reales, con un sable en la cadera y una maza en la mano. Aunque no es tan detallado como otras representaciones del voivoda, sigue la tendencia de mostrarlo como un hombre de acción y misterio mórbido, manteniendo los mismos ojos saltones y la misma nariz aguileña.

Por supuesto, no todas las representaciones contemporáneas de Drácula eran coherentes. Por ejemplo, en los incunables sajones se representaban escenas con el Empalador cenando en un bosque de cadáveres empalados. Aunque vemos algunos elementos que coinciden con los otros retratos, como el bigote, los ojos saltones e incluso el tocado hasta cierto punto, también vemos que el voivoda luce una barba descuidada. Naturalmente, tener barba no era infrecuente entre los gobernantes medievales, tanto cristianos como musulmanes, pero el propio Nicolás afirmó claramente que el voivoda tenía un aspecto bien afeitado y un bigote cuidado. Podemos especular que los sajones que partieron de Transilvania lo hicieron en un periodo en el que Vlad podría haber tenido barba, pero lo más probable es que el artista simplemente hiciera esta representación del Empalador con una barba tupida y desordenada para darle un aspecto más demente. Incluso hay algunas xilografías que muestran a Vlad con el pelo corto y un turbante, lo que recuerda más a un bey turco o a un jenízaro que a un señor de Valaquia; aún más notable es la ausencia de esa locura mórbida y esa mirada cruel y calculada que llegó a dominar la mayoría de las obras de Drácula. En su lugar, vemos a un hombre bastante satisfecho que mira felizmente hacia delante.

Las representaciones artísticas de Vlad III, tanto orales como en lienzo, no fueron amables con él. Procedían casi exclusivamente de fuentes germánicas, por lo que siempre tenían un aire de monstruosidad que prácticamente deshumanizaba al voivoda. Sin embargo, los artistas que lo representaron visualmente supieron darle esa gravedad aristocrática, desde los primeros retratos hasta el Renacimiento. A pesar de la descripción poco impresionante que nos da el obispo Nicolás, podemos ver sin duda un rasgo importante que solo alguien como Vlad podría emanar: el de un hombre que, a pesar de sus apariencias, hizo mella en la historia de la humanidad hasta el punto de aterrorizar a la gente incluso siglos después de haber muerto.

Xilografía sajona con el retrato de Vlad el Empalador, Nuremberg, 1488

Capítulo 5 - El carácter de Drácula: Rasgos de personalidad, motivaciones

Drácula siempre ha sido una de esas figuras históricas que fascinan a la humanidad en múltiples niveles. No es tan exagerado compararlo con otras figuras populares como Hitler, Stalin, Rasputín, Napoleón, Calígula, Gandhi, Alejandro Magno, Guillermo el Conquistador, Juana de Arco, Einstein o Iván el Terrible. Como hemos visto antes, la imagen pública del Empalador había dado que hablar muchas décadas después de su muerte, hasta el punto de que algunas de las mayores élites europeas se sentían fascinadas por él y, posiblemente, incluso le temían. Además, el reavivado interés por el voivoda después de que Bram Stoker publicara su novela solo sirvió para demostrar que la gente de finales del siglo XIX tenía el mismo tipo de pasión y fascinación que los del siglo XV, al igual que la gente de hoy. Y esa pasión tiene todo que ver con la forma de actuar de una persona controvertida y, lo que es más importante, con la razón por la que actuó de esa manera.

Es increíblemente difícil discernir los rasgos de la personalidad de alguien que hace tiempo que desapareció. La mayoría de las veces, cuando los historiadores intentan dar un perfil de carácter de una figura histórica, tienen que reconstruirlo a partir de cualquier número de fuentes relevantes, lo que no siempre es fácil de hacer. Por ejemplo, no podemos decir realmente cómo era el tipo de persona que era Aristóteles, ya que no ha sobrevivido ninguno de sus escritos originales, ni existen obras escritas que lo describan con detalle. Además, no disponemos de su correspondencia (cartas y demás), por lo que no podemos saber qué tipo de opiniones tenía y cómo actuaba en consecuencia. Por otro lado, tenemos a gente como H. P. Lovecraft, que escribió decenas de miles de cartas, en las que detallaba su vida y sus opiniones de forma destacada. Por eso sabemos más sobre Lovecraft, que vivió a principios del siglo XX, que sobre Aristóteles, y aún no lo sabemos todo sobre el autor de terror.

Sin embargo, ¿cómo se relacionan estos ejemplos con Vlad III? Pues bien, antes de poder discernir qué tipo de persona era, tenemos que repasar todo lo que sabemos sobre su carácter a partir de la escasa información reunida sobre él. Se conservan muy pocos documentos emitidos o escritos por Drácula, y los que se conservan ofrecen escasas pistas sobre su carácter. Literalmente, más del 90 por ciento de las fuentes que mencionan a Drácula están fuera de Valaquia, y a menudo se contradicen. Y lo que es más importante, no siempre fueron escritas por personas que tuvieran en cuenta sus intereses. Los cortesanos de Buda o los monjes católicos se referían con frecuencia al voivoda como alguien inferior a ellos, mientras que los sajones lo presentaban como un auténtico monstruo. En cambio, los rusos de Kiev y parte de la población local de los Balcanes lo aclamaban como un héroe y un hombre virtuoso. Y también había historiadores antiguos que se limitaban a mencionar al Empalador de pasada, sin pronunciarse realmente en un sentido u otro.

Por lo tanto, para poder hacer un análisis de cómo era Drácula, tenemos que establecer algunas consideraciones, que son las siguientes:

- No hay suficiente información sobre este gobernante; antes de poder realizar un análisis más profundo, necesitamos encontrar más fuentes contemporáneas que estudien a Vlad III a nivel personal.

- No todas las fuentes que tenemos sobre él son fiables; dependiendo de quién las haya escrito, pueden diferir mucho de la persona real que vivió y gobernó Valaquia en el siglo XV.

- Además de las fuentes, hay que tener en cuenta dónde nació Drácula, dónde vivió, los acontecimientos que marcaron su vida, los actos que realizó en vida, las compañías que mantuvo y el legado que dejó; es decir, hay que dejar que sus actos hablen por él.

Evidentemente, lo primero que debemos abordar es la supuesta crueldad extrema del Empalador. Es innegable que el voivoda cometió durante sus tres reinados numerosos actos que la gente del siglo XXI consideraría inhumanos. Además de los empalamientos, también hubo decapitaciones, ejecuciones públicas, mutilaciones, genocidios potenciales, impuestos injustos y xenofobia abierta, entre otros. Teniendo en cuenta la frecuencia con la que se produjeron estos actos durante su estancia en el trono, y la frecuencia con la que hablaban de ellos tanto las personas que simpatizaban con su causa como sus más acérrimos detractores, un lector no sería juzgado con demasiada dureza si pensara que Vlad III era una de las personas más crueles de la Europa de la época. Pero ahí radica el error. La crueldad de Vlad, por muy atroz que fuera, era la norma de la época. Tanto sus aliados frecuentes (los moldavos, los húngaros, los búlgaros) como sus enemigos (el Imperio otomano, los pretendientes al trono de Valaquia, los advenedizos de Transilvania) empleaban métodos de castigo similares, si no iguales. En este sentido, podemos decir que la crueldad de Vlad era calculada y muy justificada para la época.

Esto nos lleva a un rasgo específico de la personalidad que podemos atribuir definitivamente al infame voivoda. Vlad III era posiblemente uno de los políticos más astutos de los Balcanes de la época, más o menos al mismo nivel que Skanderbeg, Juan Hunyadi, Đurađ Branković, Mehmed el Conquistador y Matías Corvino. Durante su breve mandato, Vlad sabía exactamente qué tipo de medidas debía emplear para mantener su reino a salvo y en una sola pieza. A menudo, resolvía las disputas y los problemas con la fuerza bruta, como, por ejemplo, castigando a los boyardos traidores que reclamaban lealtad a cualquier voivoda anterior a él si les resultaba beneficioso. Otras veces, se conformaba con formas de castigo menores, como desterrar a sus adversarios o promulgar edictos que prohibían el comercio. Pero Vlad también dio ejemplos de comportamiento positivo. Durante su reinado, los valacos nativos de Transilvania, así como Valaquia propiamente dicha, disfrutaron de un periodo de relativa estabilidad. Las leyes se cumplían y el aldeano medio se sentía seguro de que no sería asaltado o asesinado a la intemperie. Drácula también donó grandes cantidades de dinero a monasterios y, a pesar de su posterior conversión al catolicismo romano, fue un mecenas de la Iglesia ortodoxa de Valaquia. Por ejemplo, concedió exenciones fiscales a los monasterios de Cozia y Tismana, probablemente amplió el monasterio de Snagov, fundó el monasterio de Comana, así como una iglesia en la ciudad de Târgşor, y realizó donaciones a los monasterios del Monte Athos, situado en la actual Grecia. Además, probablemente contribuyó a que la Iglesia ortodoxa de Valaquia pudiera elegir a su propio metropolitano; en su época, los metropolitanos eran elegidos por el clero de Constantinopla, por lo que su promoción del abad de Cozia al cargo de metropolitano dio a la Iglesia de Valaquia su independencia de la Iglesia Ecuménica de la capital romana oriental.

Se debe señalar que los aspectos positivos del reinado de Vlad, al igual que los negativos, no eran un reflejo de él como persona "moralmente buena" o "moralmente mala". De hecho, todos ellos muestran lo prudente que era como gobernante. Donar a las iglesias y monasterios en la época medieval era casi un requisito para un gobernante. No facilitaba las cosas el hecho de ser hijo de un matrimonio mixto (y eso era muy común en una zona cargada de gobernantes cristianos ortodoxos y católicos, así como de gobernantes que pertenecían a otras sectas menores del cristianismo y el islam). Además, si uno era un hijo bastardo nacido fuera del matrimonio o por infidelidad, la Iglesia tenía el poder de influir en la opinión pública en su contra. Y no olvidemos que el padre de Vlad era hijo ilegítimo de un gobernante anterior y era, a los ojos de muchos valacos incluso durante el reinado del Empalador, un sucesor ilegítimo del gran apellido Basarab. Y para colmo, Vlad había estado en la corte del sultán cuando era niño, por lo que los temores de que se convirtiera en un vasallo turco y sometiera a la mayoría cristiana al dominio islámico estaban muy justificados. El hecho de que Vlad se convirtiera en mecenas de los cristianos ortodoxos no fue simplemente una decisión astuta por su parte; siendo realistas, no tenía más remedio.

Sin embargo, su intelecto fue igual de notable en los asuntos exteriores. El voivoda se convirtió en aliado de varios actores clave al principio de su carrera política. Sabía que tenía que asegurarse una alianza con los húngaros y los moldavos, y que tenía que pacificar a las comunidades sajonas y szekler de Transilvania. Con Moldavia no tenía demasiados problemas, teniendo en cuenta el tiempo que ambos reinos habían colaborado entre sí. Vlad supo sacar provecho de estas relaciones; de no haber sido por su único desacuerdo fronterizo con Esteban el Grande, habría permanecido en el poder mucho más tiempo del que lo hizo. Los húngaros, por otra parte, no eran precisamente amigos del trono de Valaquia, y Vlad lo sabía muy bien. Su alianza con la corte de Buda fue puramente por interés político, considerando que necesitaba aliados fuertes contra los turcos. En aquel momento, pocos reinos basados en los Balcanes podían hacer frente al sultán, por lo que Hungría aparecía como la solución lógica.

Y es precisamente su relación con los turcos lo que nos lleva a un aspecto clave de Vlad III que podemos decir con seguridad que era una parte importante de su personalidad: la venganza. Una vez más, este rasgo era común en los gobernantes medievales, pero sabiendo lo que sabemos sobre el voivoda, podemos afirmar que toda su razón de ser era vengarse de los otomanos. El hecho de haber sido acogido por las fuerzas del sultán cuando era un niño en la cúspide de la adolescencia debió de desencadenar un enorme sentimiento de xenofobia en Vlad, un tipo que obviamente no se encontraba en su hermano Radu. Pero, además, los dos eran tratados de forma algo diferente, en la medida en que Radu era claramente el favorito, manso y sumiso, y el mayor Vlad era el advenedizo que no conocía su lugar. Poco a poco, los arrebatos de Drácula en Edirne irían remitiendo, pero su odio hacia los otomanos no hizo más que aumentar. Así, cuando finalmente alcanzó el poder en un sentido más tangible, es decir, cuando se convirtió en voivoda por segunda vez, adoptó una postura más agresiva hacia sus antiguos captores. No solo desafió a la corte otomana con frecuencia, sino que también impuso severos castigos a sus cautivos. Incluso en sus batallas perdidas, Vlad demostraría ser un guerrero despiadado al que incluso algunos de los más severos guerreros turcos temían.

Por supuesto, su naturaleza vengativa también se manifestaba en su trato con los traidores y los no valacos. Trató a los sajones de Transilvania de forma similar a como lo haría el sultán con sus súbditos desleales, sometiéndolos a todo tipo de torturas y empalamientos. Y aunque las historias publicadas por los sajones décadas después tienen definitivamente mucho de exageración, había una pizca de verdad en el supuesto trato cruel de Drácula a su pueblo mientras estaba al mando. No olvidemos que, aunque exista la posibilidad de que no haya nacido allí, Vlad ciertamente creció en Transilvania durante un período en el que los sajones, como súbditos, no tenían mucho amor por ningún señor de Valaquia, y que las relaciones étnicas eran, por decirlo suavemente, tensas. En otras palabras, la razón que subyace al trato cruel de Vlad hacia los sajones es la posibilidad de que los sajones le trataran igual de mal cuando era joven.

A juzgar por las opiniones contemporáneas de los valacos, Vlad era duro, pero nunca hasta el punto de no ser respetado o incluso admirado. De hecho, la mayoría de las fuentes contemporáneas valacas, moldavas y eslavas afirman que Vlad se contaba entre los más grandes gobernantes que había visto su tierra. No solo donó generosamente a una multitud de monasterios, sino que sus castigos no parecían tan frecuentes ni tan severos cuando se dirigían a su propia gente nativa. Por supuesto, los castigos distaban mucho de ser leves o incluso justificados, pero al comparar el trato de los valacos en la tierra de Vlad con el de los sajones, podemos decir sin duda que su propia gente estaba algo mejor. Teniendo esto en cuenta, podemos afirmar que Vlad III era, en el sentido medieval de la palabra, un gran patriota y leal a su pueblo. Gracias a su reputación, incluso la gente de fuera de Valaquia, incluidos los miembros de la realeza, le temían y le veían como una fuerza a tener en cuenta. Los boyardos y los nobles locales ya no podían explotar el sistema y, curiosamente, las clases más bajas vieron alguna mejora en su vida cotidiana. Las leyendas locales sugieren que, gracias a los brutales castigos de Vlad, los robos habían disminuido tanto que se podía dejar un cofre lleno de oro fuera y nadie se atrevía a cogerlo. Y aunque esto es sin duda una hipérbola, teniendo en cuenta que es un rumor de su época, no es demasiado exagerado afirmar que sus métodos funcionaban a favor del pueblo.

Otra prueba circunstancial clave para la teoría de que Vlad era patriota son las reacciones de la gente común. Con el paso de los años, las rebeliones (las que no eran instigadas por potencias extranjeras o pretendientes locales al trono) se redujeron en gran medida, y Drácula gozaba de bastante lealtad por parte de su pueblo natal, Valaquia. Hacía tiempo que no podían unirse a un líder tan coherente y racional como Vlad, a pesar de sus sangrientos hábitos. De hecho, incluso la gente de hoy en día que vive en la zona rural donde Vlad pasó la mayor parte de su vida lo venera como un héroe nacional, y la mayoría de las leyendas que lo rodean tienen un giro positivo. Así que, sin duda, podemos decir que el trato de Vlad con los forasteros, como los sajones y los turcos, se inspiró en parte en su amor por la gente común y en el deseo de hacer lo correcto por ellos.

Restos de la corte principesca de Vlad III, Târgoviște

Capítulo 6 - Los sucesores de Drácula: Los descendientes del empalador

La historia del Empalador es suficientemente fascinante por sí sola, pero los historiadores (así como los lectores e investigadores laicos) suelen centrarse en los aspectos más destacados de su vida, es decir, su encarcelamiento por los turcos, su sangriento reinado, sus hazañas militares, su muerte y, sobre todo, sus métodos de ejecución de la ley y la justicia. Sin embargo, pocos tienden a centrarse en la familia inmediata de Vlad, así como en su descendencia y sucesores.

Como gobernante y miembro de la familia real, Vlad tuvo una historia familiar tan complicada como la de los monarcas más notables de Europa. Se casó al menos dos veces y, como era habitual (aunque no legal ni moral en ningún caso), probablemente tuvo más de una amante. Y aunque murió con fama de monstruo y tirano, no murió sin descendencia. La línea de los Drăculeşti continuaría a través de tres ramas principales, y las tres fueron iniciadas por los hijos supervivientes de Vlad II Dracul. Así que, antes de pasar a hablar de la propia progenie de Vlad, debemos cubrir rápidamente la de sus hermanos.

El descendiente más destacado de Dracul, aparte del propio Vlad, fue, con mucho, su hermano menor Radu. Favorito de la corte de Mehmed II, Radu ascendió rápidamente en las filas otomanas y se convirtió en un hábil comandante militar con una formación erudita. Algunas fuentes incluso especulan con que tuvo un papel destacado en el asedio de Constantinopla en 1453, aunque esto no está confirmado.

A diferencia de Vlad, Radu era un destacado partidario del sultán, y cuando el ejército de Mehmed comenzó a invadir Valaquia a principios del siglo XVII, fue uno de los generales en primera línea. Cuando Vlad fue capturado y llevado a Hungría, el sultán instaló a Radu como bey de Valaquia, legitimándolo como sucesor del Empalador. Curiosamente, Valaquia no se había convertido en un pashaluk (una provincia gobernada por un pachá, es decir, un noble otomano de alto rango, como parte integrante del imperio), sino que había conservado su independencia, limitándose a pagar los tributos anuales a pesar de que el gobernante era posiblemente el más acérrimo partidario de los otomanos en ese momento. Una consecuencia notable del reinado de Radu es el hecho de que los *sipahi* ("soldados de caballería") del ejército turco aumentaron su actividad en el sur de Valaquia, estableciéndose allí.

Radu llegó a enfrentarse con Esteban el Grande de Moldavia en múltiples ocasiones, siendo su primera batalla en el río Soci por la ciudad de Chilia en 1471. Extrañamente, Esteban destronaría a Radu un total de cuatro veces, sustituyéndolo siempre por Basarab Laiotă; aún más extraño es que Radu gobernara Valaquia en cuatro ocasiones distintas, lo que significa que fue destronado y sustituido por el mismo hombre debido a las acciones de Esteban el Grande. Pero lo extraño no termina ahí. La única hija de Radu, Maria Voichița, acabó casándose con Esteban el Grande en 1478, apenas unos años después de la muerte de Radu. A través de su línea, los descendientes de Radu llegarían a gobernar Moldavia, de forma intermitente, hasta el sometimiento del país por los rusos. El último descendiente registrado de esta línea murió en 1704.

El otro hermano que gobernó Valaquia en tiempos del Empalador fue Vlad IV, conocido como Vlad el Monje. Algunas fuentes afirman que era hijo legítimo o ilegítimo de Vlad II Dracul, pero no existen pruebas definitivas de ninguna de las dos afirmaciones. A diferencia de sus hermanos, Vlad IV no competiría abiertamente por el trono hasta la década de 1480, cuando tanto Vlad III como Radu llevaban tiempo muertos. Acabaría gobernando más tiempo que ambos, algo más de trece años en total.

Su propio sobrenombre, "el Monje", no tiene un origen definido. O bien era un gobernante increíblemente piadoso, lo que no era raro en la época, o simplemente se vestía con ropas sacerdotales para evitar ser asesinado con fines políticos durante los turbulentos reinados de Vlad y Radu. Él mismo destronaría (y sería destronado una vez) a Basarab IV Țepeluș ("el Pequeño Empalador"), un descendiente de la Casa de Dănești, pero Vlad IV sería finalmente sucedido por su hijo, conocido por la historia como Radu IV el Grande. Los descendientes de Vlad IV llegarían a gobernar tanto Valaquia como Moldavia, así como Transilvania, en determinados momentos de la historia. Su propia línea de la Casa de Drăculești vería cómo le sucedían trece voivodas:

- Radu IV el Grande
- Vlad V el Joven (también conocido como Vladuț)
- Radu de Afumați
- Radu Bădica
- Vlad VI Înecatul ("El Ahogado")
- Vlad Vintilă de la Slatina
- Radu VII Paisie
- Mircea Ciobanul ("El Pastor")

- Pătrașcu el Bueno
- Petru el Joven
- Vintilă, hijo de Pătrașcu
- Petru II Cercel
- Mihai Viteazul ("El Valiente")

Naturalmente, los sucesores de Vlad III no se quedaron de brazos cruzados durante los años posteriores a Drácula en la historia de Valaquia. El Empalador tuvo dos esposas, siendo la segunda Jusztina Szilágyi y la primera aún desconocida para los historiadores. Algunos especulan que fue una hija ilegítima de Juan Hunyadi, lo que convertiría a los descendientes de Vlad con ella en potenciales candidatos al trono húngaro. Otros expertos afirman que Vlad probablemente nunca se casó con la noble en cuestión. Sea como fuere, estos dos matrimonios produjeron tres hijos. El nombre del segundo hijo de Vlad no aparece en ningún registro oficial, y el niño murió en algún momento antes de 1486. El hijo menor, también llamado Vlad, había sido un noble menor en la corte del rey húngaro Vladislao II, miembro de la dinastía jagellónica y sucesor directo de Matías Corvino. En algún momento de 1495, mientras estaba destinado en el sur de Transilvania, Vlad comenzó a asaltar las tierras y se convirtió en un aspirante al trono que ocupaba Radu el Grande. El rey Vladislao ordenó a Vlad que cesara todas sus actividades y se trasladara a la región del Banato. Vlad accedió, y tras su salida de Valaquia, vivió y murió como un noble menor. Sin embargo, el joven Vlad consiguió establecer una nueva casa dentro de Hungría, conocida como la Casa de Sintești. Algunos de sus descendientes son Ludovicus Drakulya, sus dos hijos llamados Ladislaus (o Vlad) y John, y el hijo de Ladislaus, John Dracula de Band. John fue el último descendiente masculino conocido de la línea Sintești de Vlad, aunque las descendientes femeninas que llevaban el nombre de Drácula sobrevivieron hasta bien entrado el siglo XVIII.

Otro caso interesante de un posible descendiente de Drácula fue cierto sacerdote ruso llamado Vasian. Al parecer, había sido descendiente de las familias que huyeron de Valaquia (o Moldavia) a Rusia y se había hecho llamar con la firma de "Vasian, apellidado Drácula" mientras copiaba una crónica de 1512 en 1538. No está claro si era realmente un descendiente de Drácula, pero si asumimos que lo era, probablemente habría sido un hijo bastardo nacido fuera del matrimonio.

Los descendientes más destacados de Vlad el Empalador fueron, con mucho, su hijo mayor, Mihnea cel Rău ("El Malvado"). Como firme opositor a los turcos, Mihnea era increíblemente parecido a su padre en cuanto a la crueldad hacia los boyardos desleales. Los informes desfavorables a Mihnea afirman que confiscaba con frecuencia las propiedades de los boyardos, se acostaba con sus esposas, hacía trabajar a los hombres hasta la extenuación, cortaba las narices y los labios de los que se oponían a él y ahorcaba o ahogaba al resto. La mayoría de estas historias provienen de los boyardos de Craioveşti, que eran sus adversarios abiertos, por lo que deben tomarse con un grano de sal. Sin embargo, incluso si se les toma la palabra, eso haría que Mihnea no fuera tan infame ni tan sanguinario como su difunto padre.

Mihnea solo gobernó entre 1508 y 1510, tras huir de Valaquia cuando los boyardos se rebelaron. Su hijo, Mircea III, gobernó brevemente el país antes de ser depuesto por Vlad el Joven, mientras que su otro hijo, Miloş, no tuvo un papel destacado en los asuntos de la corte en aquella época. La única hija de Mihnea, Ruxandra, se casó con el príncipe moldavo Bogdan III cel Orb ("El Tuerto"). Tras huir de Valaquia, Mihnea se instaló en Sibiu, en la antigua casa de su padre, y pronto se convirtió al catolicismo. Una mañana, salía de la iglesia dominicana de la Santa Cruz después de una misa y fue acorralado por un grupo de 33 sicarios. Fue asesinado en el acto por Dimitrije Jakšić, un noble serbio cuya hija Mihnea había violado mientras estaba en el poder. Tanto Jakšić como los otros 32 hombres eran de la facción de los boyardos de Craiovești.

Puede que Mircea III, nieto de Drácula, no gobernara durante mucho tiempo, pero tuvo varios descendientes dignos de mención. Fueron Alexander, Peter y Miloş. De los tres, Miloş sería el único que no llegó a gobernar. Al haber nacido con un brazo marchito, pasó sus días como profesor en la escuela patriarcal de Constantinopla y gozó de gran prestigio entre las élites intelectuales griegas. También se le atribuye la fundación del monasterio de Nea Mone, en Quíos, en 1573.

Pedro, conocido como Pedro el Cojo debido a una deformidad física, se convertiría en el príncipe de Moldavia sin conocer inicialmente sus orígenes valacos, habiendo sido criado por los turcos toda su vida. Como Pedro era un gobernante débil, sería destronado dos veces, pero lo dejó por voluntad propia la tercera vez tras enamorarse de una mujer romaní llamada Irina. Ambos se trasladaron a Bolzano, ciudad de la actual provincia italiana del Tirol, donde Pedro se enamoró de otra mujer, una dama de compañía circasiana llamada María. Ella le daría un heredero, Ştefăniţă, que nunca subió al trono. Pedro murió de sífilis en 1594 y fue enterrado en Bolzano.

Alejandro II Mircea fue, por tanto, el más destacado de los bisnietos de Vlad III que ascendió al trono de Valaquia, lo que Alejandro hizo en 1568 (y luego de nuevo en 1574). Poco después de su coronación, mostró las mismas tendencias que su antepasado, decapitando a más de 200 boyardos al mes siguiente de su coronación. A lo largo de su reinado se produjeron varias masacres más, y Alejandro acabaría muriendo en 1577, posiblemente debido al envenenamiento de los boyardos insatisfechos. Aparte de sus masacres, Alejandro también fue conocido por imponer un impuesto ridículo a las ovejas no fértiles, así como por fundar varios monasterios impresionantes cerca de Bucarest y Craiova.

El hijo de Alejandro, Mihnea II, subiría al trono a los doce años, con su madre actuando como regente. Gobernaron hasta 1583, y se les recuerda como gobernantes extremadamente impopulares, ya que aumentaron los impuestos constantemente y continuaron con la cruel política de Alejandro II. Mihnea fue depuesto en favor de Petru II Cercel y fue cautivo de los otomanos, pero su madre consiguió comprar el favor del sultán para que Mihnea recuperara el trono. Durante su siguiente gobierno, de 1585 a 1591, Mihnea se hizo aún más infame para los valacos locales, por lo que los otomanos lo depusieron, esta vez en favor de Ştefan Surdul, un supuesto fabricante de arneses y cortador de cuero. Humillado, Mihnea intentó competir por el trono de Moldavia sin éxito e incluso llegó a convertirse él mismo y su hijo mayor al islam, tomando el nombre de Mehmed Bey. Este movimiento político le valió el sobrenombre de Turcitul ("El Islamizado"), así como la gobernación del sanjak ("distrito") de Nicópolis en Bulgaria. A pesar de estas medidas, moriría sin reclamar el trono de Valaquia en 1601, enterrado en una tumba sin nombre.

Curiosamente, el hijo mayor de Mihnea II no le sucedió en el trono de Valaquia. Ese honor recayó en su hijo menor, Radu Mihnea, y lo que es más importante, el joven voivoda logró esta hazaña en 1601, el mismo año en que Mihnea murió sin contemplaciones. Radu fue posiblemente el gobernante más querido que descendió de Drácula, siendo un hombre culto, amante de las artes y un gran unificador que llegaría a gobernar tanto Valaquia como Moldavia, así como Transilvania, una hazaña que solo consiguió un gobernante antes que él, el voivoda Mihai el Valiente.

Radu Mihnea desempeñó un papel decisivo en la paz de Hotin de 1621, concluida entre los otomanos (de los que Radu era vasallo) y los polacos. Ambas partes alabaron la destreza y el ingenio del gobernante y le agradecieron su mediación en el tratado. Aparte de sus habilidades diplomáticas, Radu fue también un gran amigo de la Iglesia ortodoxa, habiendo donado numerosos monasterios, incluidos aquellos en los que se educó. Murió de gota en 1626, cuando tenía 42 años.

Los dos últimos descendientes de Drácula que tuvieron algún poder en Valaquia fueron Alexandru Coconul ("El Niño") y Mihnea III. Poco se sabe de ambos, aparte de que Alexandru gobernó entre 1623 y 1627 como voivoda de Valaquia y entre 1629 y 1630 como príncipe de Moldavia, mientras que Mihnea III gobernó Valaquia entre 1658 y 1659, convirtiéndose así en el último gobernante oficial del país que procedía directamente de la línea masculina de Drácula.

Por supuesto, la historia de los descendientes de Drácula no termina necesariamente ahí. En algún momento de la década de 1950 en Rumanía, un artículo de prensa afirmaba que el último descendiente de la línea masculina de Drácula había fallecido un día antes. Sin embargo, las personas que afirmaban ser descendientes directos de Vlad el Empalador no eran un fenómeno nuevo en Rumanía. De hecho, algunos historiadores rumanos incluso afirman descender de la línea de sangre de Vlad. Sin embargo, es posible que sus sucesores por línea femenina sigan viviendo hasta el día de hoy.

Radu Mihnea, descendiente de Vlad III, imagen sobre su lápida, del monasterio de Radu Voda, Bucarest[ii]

Capítulo 7 - El legado de Drácula: importancia histórica, la novela de Bram Stoker, la visión popular actual

La importancia histórica de Vlad el Empalador

Los estudiantes de historia sabrán reconocer la importancia de un acontecimiento o de una secuencia de acontecimientos no solo por razones emocionales (es decir, porque les guste un determinado individuo), sino por un sentido general de causa y efecto históricos. Tomemos como ejemplo la caída del Imperio romano de Occidente en 476. Para nosotros, marcó el fin de una era, el paso de la época clásica a la medieval, con perspectivas drásticamente diferentes sobre la vida, las costumbres, los asuntos cotidianos, etc. Ahora bien, estas diferencias no son tan drásticas cuando se viven realmente; para el ciudadano romano medio, la caída de Roma fue un acontecimiento trágico, pero no dejaron de ser romanos de repente solo porque perdieran su independencia a manos de un rey bárbaro. De hecho, para ellos, por muy brutal que fuera, la caída del imperio fue simplemente un día más. Lo mismo ocurre con todos los acontecimientos que consideramos históricos e innovadores. Sin embargo, eso no disminuye su importancia histórica en el gran esquema de las cosas, por pequeña que parezca su contribución.

Cuando se estudian los Balcanes medievales, se comprende lo importante que es esta región para toda la historia de Europa, todo ello gracias a los individuos y a los acontecimientos que ocurrieron en esta pequeña península. La caída de Constantinopla, por ejemplo, fue un acontecimiento que aún resuena en todo el mundo, ya que representó el fin de una era y dio lugar a una enorme expansión musulmana en Oriente. Esa misma expansión se vio reducida en gran medida por algunos acontecimientos importantes ocurridos antes (la batalla de Kosovo en 1389) y después de la caída (las guerras de Skanderbeg contra los turcos, las campañas de Juan Hunyadi). Si no hubiera sido por estos países balcánicos menores, la expansión otomana habría llegado definitivamente más rápido, y el mapa geopolítico de Europa tal y como lo conocemos hoy tendría un aspecto drásticamente diferente.

En este sentido, Vlad III fue posiblemente una de las figuras más importantes de su época. Dejando a un lado su astucia y crueldad, fue uno de los pocos gobernantes de la época capaz de enfrentarse a los otomanos de forma efectiva y significativa y de paso conseguir proteger a los pequeños. Aunque no llegó a reinar más de seis años, cifra que incluye sus tres reinados, no cabe duda de que causó un gran impacto en la población de la época. Sus enemigos llegaron a temer su tenacidad y su propensión a hacer todo lo posible para ganar. Es raro ver que un noble menor como Vlad (porque, en el gran esquema de las cosas y mirándolo objetivamente, era un noble menor) suscite tanto miedo en el sultán de lo que se estaba convirtiendo en el mayor imperio de la época medieval, el mismo sultán que había saqueado una ciudad sagrada no hacía mucho tiempo (la caída de

Constantinopla aún estaba en la memoria cuando Drácula llegó al poder).

Sin embargo, también es raro ver el impacto que un supuesto tirano tenía en la gente común. Sí, definitivamente le temían, mucho más que a sus sucesores (algunos de los cuales cometieron actos posiblemente igual de crueles), pero había una tendencia que crecía entre la gente que no era de la nobleza de Valaquia, una tendencia que veía una especie de rehabilitación del Empalador. Los aldeanos pronto empezaron a tejer sus propias historias sobre el voivoda, y las aldeas alrededor de las zonas en las que vivía o falleció empezaron a ser rebautizadas, llevando su propio nombre o su sobrenombre. Hasta el día de hoy, el folclore rumano de estas zonas está cargado con el espíritu de Drácula, y los habitantes de las zonas rurales de Rumanía aún le temen como si nunca hubiera muerto.

El folclore, al igual que los documentos históricos oficiales, los libros y las cartas, es increíblemente importante para los historiadores modernos. Descartar los relatos folclóricos sobre Drácula, o sobre cualquier personaje histórico, como simple ficción no es en absoluto lo correcto cuando se estudia la historia. Naturalmente, hay que tener en cuenta que habrá fuertes distorsiones y cambios, teniendo en cuenta que la mayor parte del folclore se transmite a través de la tradición oral, y nada del folclore contemporáneo debe creerse al pie de la letra. Pero el folclore, en sí mismo, puede servir como un buen punto de partida para encontrar hechos históricos e incluso averiguar los posibles procesos de pensamiento y actitudes de las personas que vivían hace varios cientos de años. Algunos de los mayores descubrimientos (la ciudad de Ur, el laberinto de Cnosos, la ciudad de Troya) se hicieron gracias a que los arqueólogos e investigadores tuvieron en cuenta las leyendas escritas y orales. Lo mismo ocurre con Vlad III; aunque las leyendas sobre él exageren las cifras y se equivoquen en más de un nombre, algunas de las preguntas básicas sobre su vida y su época pueden responderse analizando estos mitos populares para encontrar retazos de información útil y lógica.

Influencia artística; Bram Stoker y su novela

Incluso cuando Vlad estaba vivo, las historias de sus crueles actos habían llegado a oídos de muchos artistas destacados. Pintores como el renacentista alemán Matthias Grünewald y el pintor suizo Niklaus Manuel Deutsch representaron de forma destacada la muerte y las escenas sangrientas en sus obras, e incluso Deutsch retrató un brutal empalamiento en grupo en su cuadro *El martirio de los diez mil*. Estas representaciones de muertes truculentas e imágenes gráficas se convirtieron en una tendencia bastante evidente entre los autores del Renacimiento germánico, y no es tan descabellado afirmar que estos pintores, entre otros, habían leído los incunables que contenían las historias de Vlad el Empalador, ya que estaban muy impresos durante la vida de los artistas.

Otros artistas de siglos posteriores también intentaron representar escenas truculentas, aunque cuando se trataba del propio Drácula, este sufría un ligero cambio, pasando de ser un tirano a un líder pragmático, pero cruel, que luchaba por la independencia. El interés por el voivoda de Valaquia se habría apagado de no ser por una novela de un escritor irlandés que, sin quererlo, volvió a poner al viejo monarca en el candelero, aunque no de la mejor manera.

Bram Stoker publicó su novela, *Drácula*, en 1897. La novela no fue un éxito inmediato, aunque los lectores victorianos la recibieron positivamente, acogiéndola como una buena historia de aventuras. Sin embargo, Stoker encabezó casi sin quererlo una nueva "escuela de pensamiento" sobre Vlad el Empalador, atribuyéndole una serie de atribuciones erróneas que a veces eran completamente contrarias a los hechos históricos. Como el propio Stoker declaró, no sabía casi nada sobre el voivoda, y los escasos conocimientos que tenía sobre Valaquia los basó en una fuente algo obsoleta, un libro publicado en 1820 con el título *Account of the Principalities of Wallachia and Moldavia with Political Observations Relative to Them* (Relación de los principados de Valaquia y Moldavia con observaciones políticas relativas a ellos) por William Wilkinson. El interés de Stoker no era otro que el de escribir una buena novela protagonizada por vampiros, tras inspirarse en un artículo sobre la actividad vampírica de Transilvania que se había publicado dos años antes. De hecho, el villano principal de la obra ni siquiera se llamaba "Drácula" en sus primeros borradores, sino que llevaba el nombre de *Conde Wampyr*.

Existen bastantes conceptos erróneos sobre Vlad III que fueron el resultado directo de que la novela de Stoker se hiciera cada vez más popular a lo largo de los años, hasta el punto de que los historiadores reales los tomaron al pie de la letra. Algunas de las más atroces son las siguientes:

- En la novela, Drácula es un conde; no existe el título de "conde" cuando se trata de gobernantes de Valaquia o Transilvania. Vlad era un voivoda (el equivalente más aproximado es "príncipe" o "duque").

- En la novela, Drácula es de origen szekler; en realidad, Vlad era valaco, de una larga y consolidada lista de gobernantes valacos.

- En la novela, Drácula gobierna Transilvania; mientras que Vlad nació en Transilvania y tenía inversiones políticas y personales en la región, era el gobernante de Valaquia.

- En la novela, Drácula es retratado como un vampiro sediento de sangre, y sus súbditos son conscientes de ello; el vampirismo es un fenómeno muy extendido en los Balcanes incluso hoy en día, pero ninguna fuente contemporánea hace referencia al vampirismo cuando se habla de Vlad III.

Por supuesto, los lectores (e incluso los historiadores contemporáneos) no pueden ser demasiado duros con Stoker; simplemente estaba escribiendo una novela con elementos fantásticos, y decidió tomar prestado el nombre de un infame gobernante de una tierra lejana que, con suerte, atraería a los lectores y despertaría su interés. En particular, Stoker incluyó en la novela algunas referencias de pasada sobre la vida de Vlad, que en cierto modo eran exactas. Por ejemplo, sus personajes hablan de la victoria de Drácula sobre los turcos en un río que formaba una frontera natural entre las dos naciones. Teniendo en cuenta la extensa guerra de Vlad en el Danubio, este dato de Stoker no es falso. Lo mismo ocurre con la narración de Stoker de partes de la historia de la vida de Drácula, en la que había sido traicionado por su propio hermano, que era leal a los turcos. Una vez más, sabiendo lo que sabemos sobre Radu el Hermoso y los últimos años del segundo reinado de Vlad, podemos elogiar a Stoker por incluir esa parte en la novela.

En última instancia, aunque la novela de Stoker perjudicó la investigación histórica sobre Vlad el Empalador (hasta el punto de que su sobrenombre, "Drácula", ni siquiera fue utilizado por los libros oficiales de historia hasta después de que la novela se hiciera popular), también tuvo un efecto positivo. Cada vez más personas se interesaron por la historia de Rumanía y Transilvania, lo que impulsó los esfuerzos de algunos estudiosos de la lengua rumana por profundizar en la Casa de Drăculeşti. En la actualidad, el campo de la historia rumana se ha ampliado enormemente, y casi todos los años se hacen nuevos descubrimientos sobre la época de Drácula, y esto es en gran parte gracias a que Stoker despertó el interés a través de su ficción

Bram Stoker, circa 1906[ii]

Drácula hoy: Una visión del empalador en tiempos modernos

Las opiniones sobre el voivoda de Valaquia fluctuaron bastante en el siglo XIX, oscilando entre verlo como un asesino y un sádico (una visión sin duda inspirada en los textos sajones originales) o como un líder benévolo que debía cometer actos crueles (inspirado en el folclore de Valaquia y los textos eslavos).

Curiosamente, la Rumanía comunista encumbraría a Vlad como héroe nacional, pero solo lo haría al servicio del partido y con grandes inexactitudes históricas. Se escribieron libros, estudios, documentos y tratados exaltando al voivoda y ensalzando sus muchas virtudes, pintándolo como el perfecto héroe nacional rumano y, sorprendentemente, incluso justificando algunos de sus brutales actos. El propio Nicolae Ceaușescu, presidente de la República Socialista de Rumanía y el dictador más notorio del país, consideraba a Vlad como el modelo perfecto al que debía aspirar un gobernante, y así lo manifestaba públicamente con frecuencia. Sin embargo, esta visión del Empalador asestó un fuerte golpe a la historiografía rumana de la época; mucho material escrito de carácter académico fue censurado o directamente prohibido porque retrataba a Vlad "bajo una luz negativa", es decir, hablaba tanto de sus logros como de sus atrocidades. La situación relativa a estas revisiones históricas no terminaría hasta el cambio de régimen en 1989, e incluso entonces, fue una escalada gradual para recuperar cierta apariencia de objetividad e historicidad.

La visión del siglo XXI sobre Vlad el Empalador es, por tanto, de pura fascinación académica. Algunos grupos políticos tachan sus actos de crímenes de odio y genocidios, pero esto se ve a través de la lente de la política moderna, y esas opiniones no deben tenerse en cuenta a la hora de discutir la validez histórica de cualquier afirmación sobre el voivoda. El interés por Vlad el Empalador no ha decaído entre los historiadores e investigadores rumanos, y el campo de estudios sobre el tema no deja de crecer, especialmente desde que la élite intelectual rumana ha accedido a algunos de los métodos de investigación más modernos, así como a conexiones con institutos históricos profesionales de todo el mundo, todo ello con el fin de aprender todo lo que hay que saber sobre el hijo de Dracul y su turbulenta vida.

Vlad el Empalador y los enviados turcos, pintado por Theodor Aman, óleo sobre lienzo, del Museo Nacional de Rumanía, 1886[viii]

Conclusión

A los fans del Drácula de ficción, que se ha convertido en un icono de la cultura popular y del terror moderno, les puede resultar difícil conciliar esa imagen con la del Vlad III el Empalador, un personaje histórico de ojos grandes, severos y aterradores. En muchos sentidos, el monarca de Valaquia es mucho más intrigante que el conde vampiro, con una vida que fluye y refluye constantemente, y que permanece llena de emoción hasta el final. Pero, de nuevo, la verdad, como se dice, es más extraña que la ficción.

Y, en efecto, un breve resumen de la vida de Vlad parece extraño e improbable, especialmente para un noble menor medieval. ¿Cuántos gobernantes pueden atestiguar que fueron capturados de niños por los otomanos, que se criaron allí, que luego tomaron el trono para sí mismos, que lo perdieron una vez, que lo volvieron a tomar, que asesinaron a cientos de miles de personas y que repelieron con éxito a los mismos captores que lo tuvieron prisionero años atrás (captores cuyo país era casi diez veces más grande que el suyo), perder de nuevo el trono, ser capturado por el hijo de un antiguo aliado, ser liberado por esa misma persona (y casarse con su prima, nada menos), ganar una guerra tras otra para recuperar su país, volver a tomar el trono y perderlo por última vez en el fragor de la batalla? ¿Cuántos gobernantes pueden decir que se escribieron, hablaron y cantaron tantas historias sobre él, o que se pintaron cuadros de él que acabaron en algunos de los castillos más ricos de Europa, que acabaron aterrorizando a algunos de los gobernantes más poderosos de Europa? Y, lo que es más importante, ¿cuántos gobernantes pueden dar fe de que, en cierto modo, se convirtieron en los gobernantes del pueblo a pesar de promulgar algunos de los castigos más monstruosos de la historia de la humanidad?

Drácula fue, más o menos, un producto de su tiempo. Con todos los matices y el contexto, podemos ver que simplemente exageró sus actos, algo que otros gobernantes antes (e incluso después) habían hecho. El corto periodo de su reinado es casi desproporcionado en relación con el número de actos que cometió, las guerras que libró, las personas que mató, las que protegió y los lugares que visitó o en los que habitó. El mero hecho de que aún sobreviva en el folclore rumano es más que suficiente para saber el impacto que tuvo en la historia de la humanidad. Era un hombre capaz de empalar a cientos de personas en un solo día solo porque le molestaban un poco, o de acabar con un general de confianza o un partidario incondicional por cometer un simple error. Pero también era un hombre que podía proporcionar tropas para proteger a su pueblo, aprobar leyes que facilitaran a sus compatriotas de Valaquia el comercio sin competencia desleal, y tanto construir como regalar numerosos monasterios a la misma iglesia que probablemente no se lo tomaba demasiado bien. Irónicamente, Vlad también fue un monarca que utilizó literalmente medios turbios y actos bárbaros para eliminar la corrupción en las altas esferas, y lo hizo con eficacia. Y gracias a su carácter prudente, se vengaba de los otomanos una y otra vez, golpeándolos y humillándolos hasta la desesperación.

Por supuesto, no debemos idealizar a Vlad el Empalador. Al fin y al cabo, era un ser humano que cometió actos horribles por razones tanto personales como políticas, lo que le hace ser comparativamente menos monstruo que, por ejemplo, algunos de los peores dictadores del siglo XX. Pero tampoco debemos excluirlo de los libros de historia. Incluso los gobernantes modernos pueden aprender un par de cosas del ejemplo de Vlad (obviamente, evitando todas las matanzas) y, al hacerlo, conseguir dirigir un país de forma que el pequeño individuo se sienta más seguro.

Vea más libros escritos por Captivating History

Bibliografía y Referencias

Akeroyd, J. (2009): The Historical Dracula: Monster or Machiavellian Prince?, In *History*

Ireland Vol. 17, No. 2, (pp. 299-315). Dublin, IE: Wordwell Ltd.

Babinger, F. (1992): *Mehmed the Conqueror and His Time.* Princeton, NJ, USA:

Princeton University Press

Cazacu, M. (2011): *Dracula.* Leiden, NL & Boston, MA, USA: Brill

Encyclopedia Britannica (1981), Retrieved on May 21st 2020, from https://www.britannica.com

McNally, R. T. & Florescu, R. (1989): *Dracula, Prince of Many Faces: His Life and His*

Times. New York, NY, USA: Hachette Book Group

McNally, R. T. & Florescu, R. (1994): *In Search of Dracula: The History of Dracula and*

Vampires. Boston, MA, USA: Mariner Books

Mihajlović, K. (2010): *Memoirs of a Janissary.* Princeton, NJ, USA: Markus Wiener

Publishers

Perić, Z. et al. (2013): From Wallachian Duke to the Prince of Darkness, In *Researches Review of the Department of Geography, Tourism and Hotel Management* No. 42, (pp.

139-151). Novi Sad, RS: University of Novi Sad, Faculty of Sciences, Department of Geography, Tourism and Hotel Management

Nandriş, G. (1959): A Philological Analysis of "Dracula" and Rumanian Place-Names and Masculine Personal Names in -a/-ea, In *The Slavonic and East European Review,* Vol. 37, No. 89, (pp. 371-377). London, UK: University of London, School of Slavonic and East European Studies

Nandriş, G. (1966): The Historical Dracula: The Theme of His Legend in the Western and in the Eastern Literatures of Europe, In *Comparative Literature Studies* Vol. 3, No. 4,

(pp. 367-396). University Park, PA, USA: Penn State University Press

Radin, A. (1998): History, Legend, Literature: Prince Vlad Tepes alias Count Dracula, In *BALCANICA - Annual of the Institute for Balkan Studies* Vol. 29, (pp. 237-258).

Belgrade, RS: Serbian Academy of Sciences and Arts, Institute for Balkan Studies

Treptow, K. W. (Ed.) (2018): *Dracula: Essays on the Life and Times of Vlad the Impaler.*

Las Vegas, NV, USA: Histria Books

Wikipedia (January 15, 2001), Retrieved on May 21st 2020, from www.wikipedia.org/

Notas de Imágenes

[i] Imagen original subida por Hohum el 31 de diciembre de 2016. Recuperada de

https://commons.wikimedia.org/ en mayo de 2020 bajo la siguiente licencia: Dominio Público. Este artículo

es de dominio público y puede ser utilizado, copiado y modificado.

[ii] Imagen original subida por Qbotcenko el 9 de noviembre de 2008. Recuperada de

https://commons.wikimedia.org/ en mayo de 2020 bajo la siguiente licencia: Creative Commons Attribution-ShareAlike 3.0 Unported. Esta licencia permite que otros remezclen, modifiquen y construyan a partir de su trabajo, incluso con fines comerciales, siempre y cuando lo acrediten y licencien sus nuevas creaciones bajo los mismos términos.

[iii] Imagen original subida por Osmanh98 el 15 de septiembre de 2013. Recuperada de

https://commons.wikimedia.org/ en mayo de 2020 bajo la siguiente licencia: Dominio Público. Este artículo es de dominio público y puede ser utilizado, copiado y modificado.

[iv] Imagen original subida por Herbythyme el 26 de octubre de 2007. Recuperada de

https://commons.wikimedia.org/ en mayo de 2020 bajo la siguiente licencia: Creative Commons Attribution-ShareAlike 3.0 Unported. Esta licencia permite que otros remezclen, modifiquen y construyan a partir de su trabajo, incluso con fines comerciales, siempre y cuando lo acrediten y licencien sus nuevas creaciones bajo los mismos términos.

[v] Imagen original subida por Nagualdesign el 1 de agosto de 2014. Recuperada de

https://commons.wikimedia.org/ en mayo de 2020 bajo la siguiente licencia: Creative Commons Attribution-ShareAlike 3.0 Unported. Esta licencia permite que otros remezclen, modifiquen y construyan a partir de su trabajo, incluso con fines comerciales, siempre que le den crédito y licencien sus nuevas creaciones bajo los mismos términos.

[vi] Imagen original subida por Maxpushka el 27 de enero de 2019. Recuperada de

https://commons.wikimedia.org/ en mayo de 2020 bajo la siguiente licencia: Creative Commons Attribution-ShareAlike 4.0 International. Esta licencia permite que otros remezclen, modifiquen y

construyan a partir de su obra incluso con fines comerciales, siempre y cuando le den crédito y licencien sus nuevas creaciones bajo los mismos términos.

[vii] Imagen original subida por CoolKoon el 17 de abril de 2012. Recuperada de

https://commons.wikimedia.org/ en mayo de 2020 bajo la siguiente licencia: Dominio Público. Este artículo es de dominio público y puede ser utilizado, copiado y modificado.

[viii] Imagen original subida por Dbachmann el 11 de septiembre de 2011. Recuperada de

https://commons.wikimedia.org/ Mayo de 2020 bajo la siguiente licencia: Dominio Público. Este artículo es de dominio público y puede ser utilizado, copiado y modificado.

[ix] Imagen original subida por Unibond el 31 de diciembre de 2016. Recuperada de

https://commons.wikimedia.org/ en mayo de 2020 bajo la siguiente licencia: Dominio Público. Este artículo es de dominio público y puede ser utilizado, copiado y modificado.

[x] Imagen original subida por CristianChirita el 23 de septiembre de 2011. Recuperada de

https://commons.wikimedia.org/ en mayo de 2020 bajo la siguiente licencia: Creative Commons Reconocimiento-CompartirIgual 3.0 Rumanía. Esta licencia permite que otros remezclen, modifiquen y construyan a partir de su trabajo, incluso con fines comerciales, siempre y cuando lo acrediten y licencien sus nuevas creaciones bajo los mismos términos.

[xi] Imagen original subida por Alex:D el 20 de junio de 2007. Recuperada de

https://commons.wikimedia.org/ en mayo de 2020 bajo la siguiente licencia: Dominio Público. Este artículo es de dominio público y puede ser utilizado, copiado y modificado.

[xii] Imagen original subida por Alexis Jazz el 19 de julio de 2018. Recuperada de

https://commons.wikimedia.org/ en mayo de 2020 bajo la siguiente licencia: Dominio Público. Este artículo es de dominio público y puede ser utilizado, copiado y modificado.

[xiii] Imagen original subida por Bogdan el 31 de julio de 2006. Recuperada de

https://commons.wikimedia.org/ en mayo de 2020 bajo la siguiente licencia: Dominio Público. Este artículo es de dominio público y puede ser utilizado, copiado y modificado.

www.ingramcontent.com/pod-product-compliance
Lightning Source LLC
LaVergne TN
LVHW041642060526
838200LV00040B/1676